U0037957

119父母

李國修‧王月

那些年我們還小的時候...

這是妹子九歲時當花童。母女相似度 100% ！

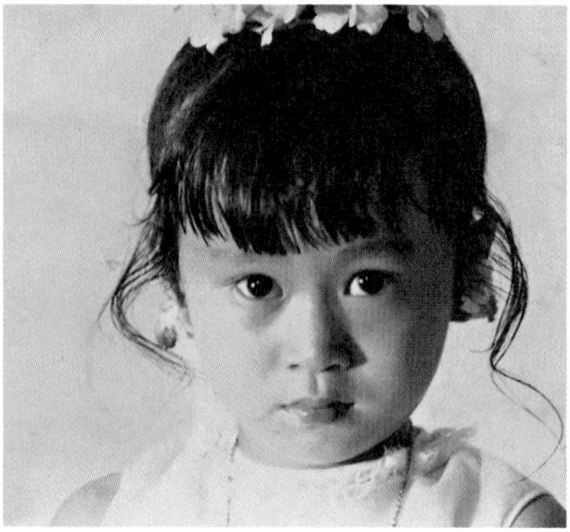

這是王月四歲時當花童。

一九六五年李國修十歲時，在中華商場的家門口。

一九五八年七月二十八日。李國修四歲時，大姐要他拿本書一起拍照，比較有學問，後來發現拿的竟是影劇雜誌。

真實人生？舞台戲劇？傻傻分不清！

60 年代復古結婚照太搞笑！

舞台劇扮相的結婚照好認真！

李國修和王月的喜帖～這是真的喔！

我們一家都愛演！

一九九三年妹子一歲，思源三歲。

跟著玩具一起總動員囉！

連週年紀念照都繼續演...

結婚十週年紀念照——先是超人來了！

接著 Batman 也來了！

該看爸媽曬恩愛了吧……

本頁照片◎林莉婚紗提供

長大後 pose 完全不同了吧！

九歲穿西裝好古椎。

李思源 16 歲出國前第一次穿上訂作的西裝。

現在是小帥哥。

小女孩出落得嬌艷如花！

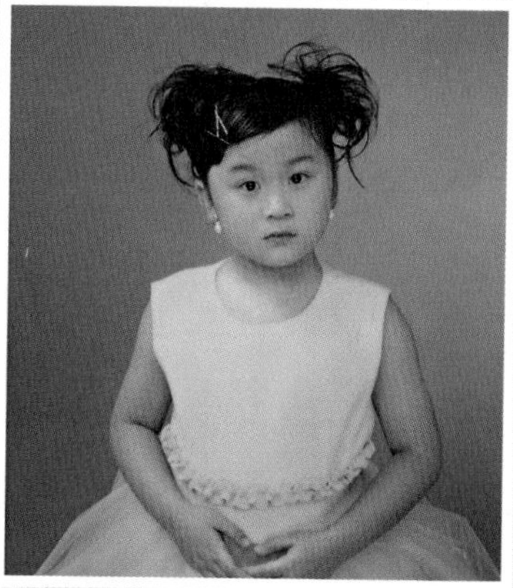

九歲時圓嘟嘟！

表情依然很Q！

妹子現在好苗條喔～

119 父母帶領的快樂家庭！

一起用餐是一家人最重要的時光～

你看過這麼可愛的全家福嗎？

〈序〉

一張張定格的畫面

李國修

梳理了一個短髮平頭，穿了套短褲便裝，腳踩著一雙涼鞋。

大姊說為了我的生日，拍張照留下紀念，又覺得該有書生的氣質，隨手抓了本影劇雜誌讓我拿在手上（好像命運安排我後來走向影劇圈、走向戲劇之路）。

看著我四歲生日，大姊帶我去西門町某家照相館拍的照片。說實話，我完全沒有記憶。這是我童年可以找到的資料中，年紀最小的一張照片紀錄。

三十年以後，我把這張童年的照片和王月的童年照片，設計在我們的結婚喜帖上。兒子、女兒相繼出生，很多人發現，兒子思源的童年模樣和我四歲拍的那張照片神似，女兒妹子小時候某一天，第一次看見王月那張童年照，一度也誤認是妹子自己。

在思源與妹子童年時，我經常和王月開玩笑地說：「好險！孩子沒抱錯！」

年紀漸長，幼年的回憶，有時候真的只剩下一張定格的照片或是秒數很短的模糊影像。我還能記得年紀最小的童年是六歲的某一天，從出生到六歲那一天之前的記憶完全空白。

六歲的某一天，我在長沙街惠幼幼稚園下課放學，等著家裡大人來接我回家。猶記得來接我的是比我年長三歲的二哥。他站在大老遠的校門口向我招手，要我自己走去找他。站在校門口對我招手的二哥。這畫面很深刻。

七歲，小學一年級開學前夕。那天吃過晚飯後，大姊教我繫鞋帶。記憶中看見三個微醉的男子，抬著喝得爛醉如泥的大哥回到中華商場的二樓家門口。像是一張照片，每次看見大哥，那張照片就會在腦海浮現。

有一天，我和妹妹鬧脾氣，為什麼事爭吵完全忘了，我只記得偷偷地拿了她右腳的一只拖鞋，跑到中華商場八棟二樓五號隔壁的垃圾收集場，用力地將那只拖鞋丟進去。妹妹到了今天也不知道當時她怎麼會少了一只拖鞋。那一年我八歲，妹妹五歲。

我有兩個哥哥，一個姊姊，一個妹妹，在家中我排行老四。我年少成長期與他們的互動能留下深刻記憶的畫面不多，也許是記憶轉淡吧！甚至，可堪回憶的照片極少，彼此也沒有用文字記錄那些歲月。

對於父母的記憶，有些畫面與過往已經被轉化成舞台上的故事。我始終記得，住在中華商場八棟二樓，那條長長的走廊，是我童年、少年、青少年時期的遊樂場。很多回憶都已變成零散又支離破碎的畫面，像是個笨拙的電影剪接師，剪接出一堆無主題、無序列的電影

——我在走廊上，踩踏著我父親的幸福牌腳踏車，練習騎單車／家門口鋪上一張涼蓆，大哥和我睡在涼蓆上，因為夏天太熱，夜晚睡在走廊比睡在家裡涼快／剛看完一部許冠文的喜劇電影，我在走廊上，對著鄰居小孩用山東腔模仿了一句台詞，他們竟然笑倒在地上／我走出廁所在走廊上一路側翻回家，我細數了次數，每次都要翻到九十九下剛好翻到家門口／趁鄰居都睡了，我在走廊上背書，準備第二天的月考／走廊上擺了六桌筵席，爸爸六十大壽／媽媽抱著小孫子坐在家門口／我在走廊上練空手道／妹妹暑假去基隆親友家住了五天，回家後在走廊上唱了一段〈三娘教子〉薛依哥的唱詞／我從馬祖回台休假，扛著一大袋裝備，回到家。半夜三點，父親開門。他遞了根長壽菸給我／我帶著鄰居小孩教他們玩我發明的尋寶遊戲／大姊出嫁那天，我看著父親將「家有囍事」的紅紙條貼在木門上／我看見父親追著混太保的二哥，一路罵著「進你娘」，在我面前父親用力地對著二哥射出他手上的那把大剪刀／我在母親面前，用雙手揪住我的臉逗母親開心／我低頭不語，默默流下淚水，父親嘆了口氣，我嘶啞地說：「我抽到金馬獎……要去馬祖當兵」／母親坐在床頭，對著窗外唱家鄉的兒歌。火車經過，我始終聽不清楚，母親唱兒歌的內容／大哥結婚了，前一天夜裡，我看著父親將「家有囍事」的紅紙條貼在木門上／半夜我提起夜壺走出家門去公共廁所倒屎尿，那是母親的排泄物，每晚都是我例行的家事／二哥結婚了，父親將「家有囍事」的紅紙條貼在木門上／我在走廊上騎著第五輛父親新買的自行車（前四輛都被偷了）／為了搞笑逗樂鄰居的小孩，我把麵茶粉撒在自己的臉上／父親拿了顆生雞蛋放進我右手手掌心，要我別太用力會捏破雞蛋，他要我好好學寫毛筆字／父親給了我一個有小盒蓋的私章，上面刻有四個字「李國修印」／我躲在母親背後，母親大叫：「不要再打了！」因為偷錢被父親發現，他抽起身上的皮帶就朝我身上一陣狂抽／母親對著小閣樓大聲地喊著：「國修！起來哩！起來上學哩！」／我跟父親說暑假要去成功嶺受訓，他問我成功嶺在哪裡？我說台中。在台北生活十八年的我，那是我第一次離家最遠的距離。母親在四個月前剛過世／除夕夜，父親、母親坐在床前，我們一家五個小孩，從大哥開始，輪流給父親、母親磕頭、拜年、吃水餃、領紅包，每年守歲我說的話都一樣：「祝爸爸、媽媽身體健康，長命百歲！」每年此時，我肚子吃得最脹，因為有些水餃裡面包一塊錢銅板，吃到的人那一整年財運會很好／父親給了我一個小布套要我打開看，裡面是小金條。父親說如果我結婚，將來這五兩黃金是送給女方的聘禮……

＊＊＊

王月從來沒有見過我的父母。我們在一九八九年七月十八日結婚。

二〇一一年，兒子思源二十一歲，女兒妹子十九歲。對照我的童年及至青少年時期，反差很大。一雙子女到今天，王月付出大半以上的心血教養他們，我扮演的好像只是一個經常搞笑的父親，偶爾在適當時機說兩句稍微嚴肅的話語提醒子女。

我們給了子女一個快樂無憂的童年。因為我的童年並不十分快樂，我和自己獨處的時間比較多。兒子思源、女兒妹子卻和王月相處的時間長，和我的相處多半是排練室與劇場的舞台上。

一個處理生活，一個扮演戲劇，這兩個孩子就在人生與戲劇之間成長。我和王月溝通與分享，做父母的只要教給孩子三樣法寶——想像力、幽默感和學會愛。

現今，孩子成長紀錄可以用許多種方式保存，當我憶及與子女成長的那些日子，彷彿只是在昨天發生。但，昨天會遠逝，王月和我決定用文字紀錄我們親子的互動關係與過程。

我一直不願接受一個表象的結果——孩子的成長，怎麼可以只是幾萬字的描述？兒子思源、女兒妹子的一家四口的成長紀錄，怎麼是一本書就能道盡？

我相信，在子女成長的記憶中，父母的出現也在他們一張張定格的畫面裡，雖一樣是不完整的記憶影片，但已足以豐滿他們的人生！

目錄

第一章　小題大作愛的方式

第二章　戲劇人生

第三章　全職媽媽之路

第四章　尋找自己

第一章
小題大作愛的方式

寶貝你好棒！

哥哥是詩人（王月）

兒子思源從小就充滿想像力，常常不經意吐露出一句話或一段文字，令我大大為驚訝。

在思源三歲半那一年，有一回我趕著帶他出門，硬是要他把正在觀看的電視關了，他很blue地坐在玄關穿鞋子，一邊穿，一邊對我說：「每次卡通沒有看完，好像蛋糕切了一半。」

我聽了之後，立刻激動地對他說：「哥哥，這是詩！」然後給他一個大大的擁抱和鼓勵，稱讚他好棒！

受到鼓勵的思源，在那次之後文思泉湧，開始說出大量像詩一樣的語言，我只要一聽到，絕對大力地讚賞他擁有詩人的才華。

後來，有一回他在玩一種木片模型，正在拼湊成恐龍的模樣，突然轉過頭對我說：「媽，我又有詩了。」

「我要把恐龍的骨頭組合起來，看它會不會動，如果會動，它就會痛，所以恐龍不要活過來。」他看著我認真地吐出這段文字，小小年紀就能這樣運用文字，讓我大為感動。他知道說這種詩樣的童言童語，我就會趕緊幫不會寫字的他記錄下來，他有種莫名的成就感，於是「詩性大發」，我也樂於看見他持續保持創作的動力。

＊＊＊

思源在七歲那年學會了使用Ｖ８，由於當時我們不會剪接，就教他用停格的方式去拍攝再連結成畫面。於是，他和妹妹兩人開始研究起要「拍電影」，一起煞有介事地討論劇本，把心愛的玩具都搬出來

排排站，導了一齣名為「蝙蝠俠大戰機器戰警」的電影（因為家裡沒有壞人玩偶，只好改成好人對打）。

他用V8中的「暫停」選項，一格一格拍下機器戰警逐步移動的畫面，還會用手電筒照出蝙蝠俠影子，為蝙蝠俠的出場做準備，妹妹則負責幫戲裡的米妮公主配音，這部家庭電影的製作水準簡直和現在的動畫沒兩樣。

這部戲全長一分半鐘，爸爸為了表揚兩個寶貝的辛苦創作，在家裡的客廳舉辦了一場「全球首映會」。我們還製作了電影票，準備好爆米花和可樂，邀請阿嬤一起來看。

但是，就在我們客廳熄燈開始播放影片時，思源竟然開始害羞了起來，直嚷著：「不要啦！不要播啦！」整個人躲進沙發裡，只敢透過指縫偷看自己的作品和大家的反應。

我們都知道他其實非常開心，尤其是影片結束後，大家都稱讚不已，讓他又多了一份創作的自信。

「哥哥你好棒！等到你以後拍電影的時候，可不可以留一個角色給媽媽演，不用女主角，只要有演就好了。」我興奮地問思源。

「媽媽不行。」思源語氣堅定地回答。

「拜託你……只要一個小角色就好。」我露出祈求的眼神，一再地拜託。

「媽媽，真的不行，我拍的是卡通。」思源面露為難地回答我，我也完全接納我不能「參一咖」的原因。

＊＊＊

這個畫面看起來有些誇張，但是「小題大作」一直是我們家的教育重點，關心孩子的每一句話、每一件作品，大大地鼓勵他們的小才華，讓他們有繼續下去的動力，並樂於和父母分享。我曾經讀到一篇哈佛大學的研究報告說：「孩子在四歲以前都是天才。」我對這句話

深信不疑，也相信所有父母都是激發孩子天才潛力的重要推手。

從小，思源就把想像力發揮在文字和影像創作上，從幼兒時期的吟詩和拍片初體驗，到青少年時期以寫作抒發心情，懂得運用文字的組合和韻味來創作。

思源在十五歲那年去加拿大唸書，一個人在國外生活特別孤單，因此他會用文字排遣思鄉的情緒。異鄉獨處的日子，讓他的作品愈來愈成熟，看過的人常會驚呼：「他才十五歲嗎?!文筆怎麼這麼好！」

後來，我們試著讓他寫屏風新戲的文案，包括「婚外信行為」和「百合戀」，一樣交出了令人驚豔的作品，就連集編、導、創作於一身的爸爸都甘拜下風。

聽到大家對他的稱讚，我非常驕傲！想到他在七歲時看著自己拍出的電影時害羞的表情……我可以預見，正在美國攻讀電影的他，有一天會拍出一部真正的電影，在電影首映會那天，他一定也會害羞地躲在幕後，不敢讓觀眾看到。

妹妹是畫家（李國修）

妹子的手很巧，從小就喜歡做一些和手工有關的勞作，包括一歲半時，她負責去葡萄皮給哥哥吃，或是幫爸爸的料理剝蛋殼，也是她擅長的事。

她在國小四年級受到王月出版字畫冊《月亮上的女人》影響，愛上了畫畫和「出書」。在我們大力鼓勵下，她開始積極地用畫筆創作，還畫出了兩本圖文並茂的故事書。第一本叫《小老狗》，講述一隻雪納瑞犬的故事，雪納瑞的白色鬍鬚看起來像個老頭，所以妹子就幫牠取了「小老狗」的名字。故事圖畫書的內容是：

有一天，這隻小老狗和小貓咪一起玩皮球，坐上皮球彈跳，竟然跳到了雲上面，還看到了小老狗去世的爸爸、媽媽，小老狗高興得不

得了！後來牠們跳下去，發現皮球滾走了，再也找不到，小貓咪著急地問：「怎麼辦呢？你以後就看不到你的爸爸、媽媽了！」

小老狗回答：「沒關係，我只要每天想像我爸媽永遠都在我身邊就好了。」

不久，小老狗請小貓咪到家裡玩，可是小老狗因為玩得太興奮而生病了，醫生說小老狗太老了，只能再活一個星期，小貓咪和小老狗聽了都很傷心。

過了六天，小老狗對小貓咪說：「你一定要好好活，別傷心，如果我真的永遠離開你，我爸媽不是在天堂嗎？那我就能去找他們了！」

「我到了天堂也會去找你！」小貓咪說。

「明天你就不用來了，因為你會太傷心。」第二天，小老狗真的死了，小貓咪大哭特哭。

小老狗
作者:妹子
圖:妹子

1

有一天，有一隻小老狗走在路上遇到一隻小貓咪。小貓咪說「你要不要陪我玩?」

2

「好啊，我可以陪你玩，但是你不行咬我ㄛ，不然我也會咬你ㄛ!」
「好的好的，我才不會。」

3

突然間，草原上滾來兩個球。他們便玩起來。「哈哈!好好玩，你真好笑。」小貓咪好快樂。

4

小老狗和小貓咪都隨著球跳起來，而且越跳越高，跳的好像在飛呀!

5

他們還跳到雲上面，吃到雲，覺得雲好像棉花糖。

6

後來,小老狗竟然看到他去世的
媽媽和爸爸,他還跟媽和爸爸一
起聊聊天。

7

最後他們
跳下去,卻發現
球滾走了,再也找
不到那兩個球。小
貓說:「怎麼辦呢?
你以後就看不到你
的爸爸媽媽了」

8

「沒關係,我只要每天想像我
爸媽永遠都在我身邊就好
了。」小貓咪說:「哇!你好會說
話喔!」小老狗說:「不要說了啦!
走,我們再去玩吧。」

9

小老狗:「你要不要去
我家玩啊!」小貓咪
:「好啊!」

10

「哇!你家好大喔!」小貓咪說。小老狗:「我家
粉好玩喔!」

11

小老狗跟小貓咪天天都很快樂。但小貓咪有個
煩惱就是小老狗生病了,每次只要玩的太高興就
會吐血。
啊!

12

所以小貓咪帶小老狗去看醫生。醫生說：「小老狗太老只能再活一個禮拜就要那個」小貓咪、小老狗都很傷心。

13

過了6天，小老狗說：「小貓咪你一定要好好活，別傷心，如果我真的永遠離開你，
我爸媽不是在天堂嗎？那我就能去找他們了」

14

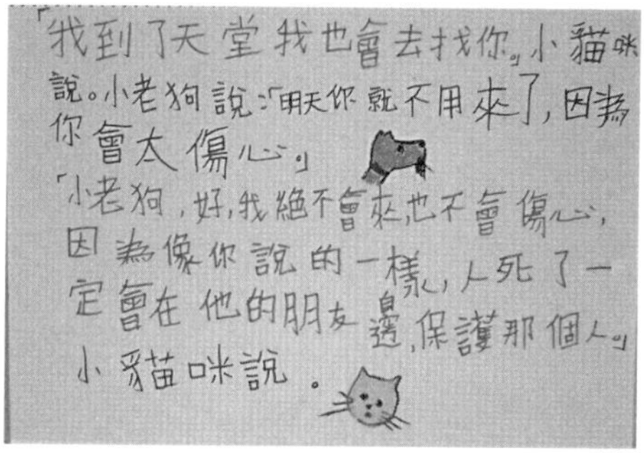
「我到了天堂我也會去找你」小貓咪說。小老狗說：「明天你就不用來了，因為你會太傷心。」
「小老狗，好，我絕不會來也不會傷心，因為像你說的一樣，人死了一定會在他的朋友邊，保護那個人。」小貓咪說。

15

隔天，小老狗真的死了。小貓咪大哭特哭。小老狗死之前心裡說著：「小貓咪！我會一直保護你的！」
小老狗之墓

16

過了幾年，小貓咪也死了。他果然在天堂上見到小老狗，而那兩顆球也滾回來了。於是，小老狗和小貓咪在天堂上每天聊著以前的回憶，和玩著那兩顆球——
<全劇終>

17

過了幾年，小貓咪也死了，牠果然在天堂上見到了小老狗！那兩顆皮球也滾回來了，於是小老狗和小貓咪每天都在天堂上聊著以前的回憶，和玩著那兩顆球。

我看完這個作品嚇了一跳，妹子才十歲耶！除了畫出近、中、遠鏡頭的渾然天成，她竟然想出這麼憂鬱感傷，七天的故事情節。我一方面驚喜於她早慧的創造力，一方面也很好奇她創造的原動力從何而來。

＊＊＊

我想到的是，二〇〇四年「徵婚啟事」在台北演出時，楊麗音為了演好一場哭戲，專注地在側台培養情緒，正好被站在一旁的妹子看到了。

「我看見麗音阿姨在那邊弄弄情緒。」之後妹子告訴我這件事，我很訝異她竟然創造了「弄」這個字。

妹子從小就和我們一起進出屏風表演班，看我帶著演員們巡迴各地的劇場表演，在舞台上盡情地揮灑情感；在環境的潛移默化之下，她不知不覺也被我的感性創造力所影響。

妹子的第二本書《哥哥變了》，副書名是「關於妹子和哥哥，一個感人的故事」。封面畫著一對兄妹，哥哥拉著妹妹的手，兩個人看起來很快樂的樣子，但是四周卻寫滿了「哥哥！哥哥！」，因為哥哥變了，妹妹希望可以喚回以前的哥哥。

妹子在寫這本書前，先去詢問媽媽關於哥哥的出生情況，然後以哥哥的出生為起點，展開一個家庭所發生的一連串有趣的故事。這其中包括妹妹出生了，和哥哥先後一起上小學，但是哥哥在學會騎腳踏車之後，性格產生了變化，兩兄妹的關係再也無法像以前那樣親密，開始漸行漸遠……

妹子每次寫完文章之後，總是第一個拿來給我看。我知道她很看

重身為劇作家父親的意見，只是她和哥哥一樣，對於公開自己的作品總是害羞的，她常常把作品放在我面前，說一句：「爸爸，你不用急著看，等有空的時候再慢慢看。」然後就一溜煙跑掉了。

這時候，不管我正在忙什麼事情，絕對會停下手邊的工作，專心地閱讀。

這時，我的眼角餘光會看到，她正躲在角落偷看我的表情和反應。這時如果我轉過頭去，她會立刻假裝在做別的事情。

我知道她在等著我的讀後心得，我告訴她，我被她的故事內容感動了！尤其是哪個段落的對話寫得非常好，這令妹子非常得意，知道自己的作品有打動人心的效果。

我拍拍妹子的頭，鼓勵她繼續寫下去，她看到我眼眶盈淚，反問我：「你剛剛有弄情緒嗎？」

確實，我看完她的作品真的感動得哭了！但我沒有和小小年紀的她說出內心的話，天性過於憂鬱的我其實是想到孩子的未來。身為父親的我，到底還能陪伴孩子多久呢？從孩子的作品中，我察覺到他們一天天在長大，一直在改變。我一方面高興孩子能夠健康地長大，一方面也擔心，我們之間會有分離的一天，這樣複雜的情緒讓我忍不住落淚……

從妹子的作品中，我發現她的觀察力敏銳，也已經開始懂得感受周遭的人事物，透過畫筆把自己的感覺記錄下來。

我大力支持妹子寫書，幫她裝訂成一本手工書。甚至在我的著作《人生鳥鳥》中，因為收錄了妹子的圖畫，我還特地拿個信封，裡頭放了一些錢，封面上寫著：「給繪者妹子的稿費」。妹子拿到她人生第一份酬勞，開心得不得了。

我認為父母的鼓勵，就是孩子創作路上的力量來源，而建立孩子的自信，就是啟發孩子想像力的基礎。

孩子，我要你輸在起跑點

ㄅ、ㄚ＝豬（王月）

台灣的學生在上小學之前，多半已學會注音符號，所以在思源七歲時，我也曾希望「不要讓他輸在起跑點上」，小學開學前暑假開始教他ㄅㄆㄇㄈ。

「這是ㄅ，這是ㄚ……」我拿著兒童教材，一個字一個字地把正確的發音唸給他聽。但是，思源常只顧著玩玩具，一下子就分心，亂唸一通。

「ㄅ和ㄚ這兩個字合起來怎麼唸？」我耐心地問思源。

「豬！」思源看著我，回答出這個字。

「ㄅ、ㄚ怎麼會唸豬呢？你是怎麼唸的！」我失望地對思源說。

後來，我不放棄地繼續追問：「這是ㄇ，這是ㄚ，那合起來ㄇ、ㄚ怎麼唸？」

「歪。」思源緊張地回答我。

我再次失望地搖搖頭。

國修回到家以後，我和他說了思源的情況，問他該怎麼辦才好。他說：「我們小時候都是挨揍長大的，再不認真學，就輕輕打一下吧！」

於是，隔天我拿起「愛的小手」（一種塑膠細棍，頂端有一小手掌，打在手心，有點痛又不會太痛，美其名為「愛的小手」），繼續教思源注音符號，我先復習好每個單音後，再考他兩個組合起來的拼音，可是結果還是一樣，他沒有一次回答正確，從頭到尾只有被

打手心的份。

不過，奇妙的事情發生了！回頭我問妹子：「ㄅ、ㄚ合起來怎麼唸？」

「巴！」

「ㄇ、ㄚ呢？」

「ㄇ、ㄚ是媽！」

我很驚訝她是怎麼學會的。

「看妳教哥哥ㄅㄆㄇㄈ，我就全部記下來了！」妹子張著無辜的大眼，看著我說。

經由這次的經驗，我再次確定，我們家不能實施打罵教育，不會就不會，該會的時候，小孩自然就會了。後來我發現，有一陣子哥哥和妹妹常常一起玩拼注音的角色扮演遊戲，妹子還裝作不會，被哥哥教呢！

魔鬼的數學比兒子爛（李國修）

思源唸國小三年級的時候，有一天放學回家，把成績單拿給媽媽看，王月一眼看到數學只有八分，當下感到十分震驚！她無法理解，小學三年級的數學不是很簡單嗎？怎麼還可以只考八分？

「你爸爸是山東人，他們家從小打小孩，你這分數完蛋了！」她愈想愈生氣地對思源說。

思源聽完後臉色蒼白，站著不敢說話。

王月看他可憐，就和妹子商量這件事要對爸爸保密，絕對不能讓爸爸知道，妹子也再三保證不會說出來。

「哥哥，這次我們就先算了，你要答應媽媽，下次一定要進步，至少考個雙位數，十一分也好。」

王月說完，思源擔心地點點頭。

等我晚上回到家，才剛進門，妹子就跑過來大聲說：「爸爸！哥哥今天數學考八分！」這個小報馬仔完全忘記了她答應媽媽的承諾。

我轉頭看看站在角落等著領受懲罰的兒子，他害怕到身體微微發抖，低著頭不敢看我。

「好了！爸爸不會打你，數學考八分沒關係，功課爛也沒關係，將來出社會不要做流氓就好了。」我把思源叫過來，嚴肅地對他說。

我告訴他，我小時候的功課非常差，我們班是五十幾人的大班制，我的成績排名永遠都是班上最後幾名。小學畢業時，導師給我的評語是：「沉默寡言，拘謹木訥。」我回家後把成績單拿給爸爸看，他只看了一眼，就把成績單放到一邊，操著山東口音的國語對我說：「國修，你唸多少書都沒有關係，將來到社會工作，不要做流氓就好了。」

我家有五個小孩，我上面有兩個哥哥、一個姊姊以及一個妹妹，其中兩個哥哥都在當流氓。生長在這樣的家庭，我爸爸對我這個老么的期待，只有不要做壞事，更不要做流氓。爸爸後來又說：「不管我再怎麼教養你，也不能教養你一輩子！」我想他想表達的是「兒孫自有兒孫福」。於是，我用當年從我爸爸那裡聽到的話去勉勵思源，我希望讓他明白：比起成績，一個人的品性更重要，只要他為人處事以誠相待，功課的好壞倒是其次。

* * *

但有好一陣子，思源對於「數學考八分」這件事仍然無法釋懷。

在某個星期日早上，思源起床後，很激動地跑來對我說：「爸爸！我剛剛作了一個好可怕的夢！我在夢裡面，走在風很大的巷子裡，我覺得很冷，燈光很暗……突然間，我看到一個好大好恐怖的魔鬼，一直追著我，想要把我吃掉……於是，我就一直逃，最後跑到一個死巷子裡，發現沒路了，這次死定了！」

我聽了，急著追問：「然後你被魔鬼吃掉了嗎？」

「沒有，因為我用數學考牠，牠都不會。」思源驕傲地對我說。

我按捺住想偷笑的衝動，故作鎮定地問他夢到了什麼。

「就在魔鬼追上我，準備張大嘴巴要吃掉我的時候，我轉過頭，對牠說：『等一下！你現在不能吃我，你要通過數學測驗才能吃我，請問，37+25是多少？』那隻魔鬼拿出手指頭來算，然後搖搖頭，說不知道。

「魔鬼一氣之下又張大了嘴巴，我趕快說：『等一下！我再問你一題，533+369等於多少？』結果魔鬼還是算不出來。

「接著，我又問牠：『19543+28952是多少？』魔鬼一臉驚慌地搖搖頭，『砰！』一聲爆炸，最後牠在一陣煙霧之中消失了！」

我聽完後，讚許地摸摸思源的頭，並且把這件事告訴王月，她點點頭說：「原來魔鬼的數學比兒子爛！」

* * *

這件事讓我發現，孩子的壓力會反映在夢境裡，身為父親的我無法替他解決數學很爛或是害怕魔鬼的問題，因為日後他會遇到比這些問題還要更困難的事情，必須要靠他自己想辦法去解決。

我在節目上接受訪問時，曾經公開表示：「孩子，我就是要你功課爛！」引起了廣大的回響。對於孩子的學習，我一向抱持開放的態度，並且從不給予他們課業上的壓力。

有人說：「不要讓孩子輸在起跑點上。」但是我認為，父母到底能陪伴子女、教養子女到何時？孩子的未來絕不是上了多少補習班，就能在起跑點或終點線決定輸或贏。我認為父母能夠做的，是給他一個快樂成長的環境。

生命是賽跑，是在起點與終點之間競爭，孩子必須在這不長不短的過程中面對自己的課題，度過他自己的人生，我希望孩子能夠好好

享受這個過程。在人生道路上，孩子永遠記得的不會是英文先修班、才藝班之類的「補教說教」，而是來自父母的身教與言教。

當我們睡在一起（李國修）

小時候，我的家裡很窮，一家七口每晚都睡在一張大通鋪上。長大以後，我才發現全家同睡有個好處是一家人的感情特別好，尤其是父母和孩子的關係會很親，就算孩子離家到外地去生活，無時無刻都會想念家庭的溫暖，總覺得哪裡都比不上自己的家好。

思源小時候非常膽小，尤其怕鬼，就連走幾步路就可進房間拿玩具，也一定要拉著妹妹才行。晚上睡覺怕鬼的他認為「鬼怕大人，不怕小孩」，所以要和爸爸或媽媽睡在一起，鬼才不會靠近。所以在他十二歲以前，我們一家四口都睡在同一間房間，父子一張床，母女一

張床。有一陣子我經常熬夜寫劇本，往往晚上十點走進書房，一直工作到早晨六點才結束，這時思源就在一旁陪著我。

後來，我乾脆在書桌旁，用兩個坐墊鋪成一張小床，讓思源在旁小睡，等我忙完手邊的工作，再抱他上床，兩人手牽著手一起睡覺。

一直到現在，我都還記得，那個躺在我身旁的小小身軀，他的小手和我緊緊握在一起的溫熱感覺。

妹子已經十八歲了，還是和媽媽一起睡，她們睡前會躺在床上聊天，分享一天所發生的新鮮事。母女之間就像好姊妹和好朋友，無話不談。

現在倒成了王月黏著妹子，要妹子結婚前都和媽媽一起睡，妹子也欣然同意，她還撒嬌地說：「就算結婚了，回娘家還是可以和媽媽一起睡啊！」

* * *

以前和朋友分享我們家同睡在一起的情況時，大家的反應常常是：這樣孩子會不會過度依賴父母？不容易獨立自主，將來出了社會怎麼辦……這些疑問我們不是沒想過，但是我和王月認為給孩子足夠的安全感，勝過強迫他提早學習獨立。我們堅持在孩子的成長過程中，依照孩子的需要來給予，而且同睡之後，我們一家人的感情又更緊密了。

孩子需要父母陪伴的時間就只有十來年，一旦錯過了，以後也不會再回來。我很珍惜一家人「同睡在一起」的時光，夜晚時，看著孩子熟睡時的臉蛋，掛上淺淺的微笑，我知道他們又快樂地度過了一天，而且正在作個好夢。

只是，好景不長。在思源小學畢業那年暑假，有一天晚上他突然說想要有自己的房間，想一個人睡。

「思源，你不和爸爸睡了嗎？」我緊張地追問。

「我要一個人睡。」思源平靜地回答。

「你不是怕魔鬼嗎？」王月接著問。

「哼！這世上才沒有魔鬼呢！」思源鎮定地說，然後走出了一家人共睡的主臥房。

看著他獨自離去的背影，我知道，兒子獨立了，再也不是成天黏著我們的那個小寶貝了。雖然感傷，但這也是孩子成長的必經過程。

後來，孩子走出了家門，相繼到國外求學，我並不擔心他們無法適應外面的世界，因為他們知道，家永遠是敞開臂膀迎接他們的避風港。

我家有三寶——愛、想像力、幽默感

愛心媽媽（王月）

在思源和妹子上小學以後，我很積極地參與他們的學校生活，包括熱心參與園遊會，或是當「愛心媽媽」去學校教室講故事給小朋友聽。

我認養的那堂課是每週三早自修的時段，我決定教他們「中國美術史」。我使用蔣勳老師的書，解說得淺顯易懂、生動有趣，結果反應熱烈，相當受到小朋友的歡迎，讓妹子在同學面前非常驕傲，大家都羨慕她有個懂藝術又親切的媽媽。

後來，學校舉辦園遊會，我為了讓孩子們玩得開心，特地向夜市攤販借了撈小魚的設備。等他們不做生意後，連夜找屏風的人幫忙，一起把一個不鏽鋼長方形大水池搬到教室去。在徵求同學民意後，得知小朋友愛吃「蘿蔔糕」，我自掏腰包買了食材，園遊會當天現煎現賣。我也一手包辦「套圈圈」的遊戲，而且被套的物品，都是我精心準備的超值好禮，不管吃的玩的，所得皆為愛心義賣。果然那年妹子的班上成了全年級捐助善款最多的班級。

這些努力都是出於愛屋及烏的心理，孩子一旦進了學校學習，他的生活圈開始逐漸擴大，不再是只有「爸爸說」或「媽媽說」的世界。想要和孩子維持親子關係，最好能多參與融入他們的學校生活，讓孩子覺得父母是和他們站在同一個陣線的。如果能得到孩子同儕的認同，更會讓孩子以父母為榮，把愛家的感覺延續到校園生活。

＊＊＊

妹子從成長以來都很喜歡帶同學來家裡玩，同學們也常會和我聊天。在和她們互動的過程中，我發現，其實孩子都是愛家也想回家的，只是青春期的她們容易和父母鬧彆扭，一旦和父母有了爭執，往往兩邊都不願退讓，親子關係也就漸漸疏離。我畢竟是長輩，對她們的影響有限，這時，愛家的妹子就會以她的經驗來鼓勵同學。例如，有次一位同學失戀了，很傷心，妹子就對她說：「妳趕快回家吧！」

妹子知道，家的力量和幫助非常大。她常告訴我：「只要一有挫折或煩惱，我第一個想到的就是回家。」妹子以自己的親身經驗說服了那位同學回家，並且和她的母親解開長久以來的心結，那位同學現在也是一個愛家的小孩。

我很欣慰自己和國修所經營的家庭氛圍不僅讓孩子喜歡置身其中，這份對於家庭的愛，也感染了他們周遭的朋友。

愛心爸爸（李國修）

在妹子小學六年級時，她的老師邀請我去學校演講。我的專業領域是屬於成人劇場，在此之前，我的校園演講對象都是在高中以上或大學生或社會人士，這次破例到小學演講，完全是為了女兒。

我的演講分成兩部分，第一部分是針對學校老師的演講，內容是「如何啟發孩子的想像力，鼓勵孩子發揮自己的愛和幽默感」。第二部分開放給學生聽，一開始我先邀請學生一起來體驗肢體表演的樂趣，當時台上台下玩成一片，非常熱鬧。

後來我秀了一段默劇，假裝眼前有一面玻璃，然後徒手摸玻璃，表演逼真得就像真的有玻璃一樣，學生們非常喜歡，我在台上演，他們在台下跟著學。

妹子回家後興奮地和我說，受到我生動的默劇表演影響，校園裡開始流行起默劇。同學們還會利用下課時間練習，有的還會跑去請教妹子，他們對我的專業感到十分佩服，讓妹子非常得意。

＊＊＊

此外，妹子說，她的同學都稱呼我為「劇場界阿基師」，讓她感到與有榮焉。

我很喜歡做菜和享受一個人下廚的樂趣，尤其是創作遇到瓶頸而感到焦慮時，我就會躲到廚房裡研究菜單。

在我的私人廚房，除了家人，最珍貴的客人就是「孩子的同學」。

為了招呼他們，我會不惜成本準備食材，有時甚至從三天前就開始熬湯，還去買了很多漂亮的碗盤。如果菜剩下很多，我還要孩子的同學可以打包回家分享給他們的父母，每每賓主盡歡。

妹子的同學也會拜託她：「今天可不可以去妳家吃飯？」後來我

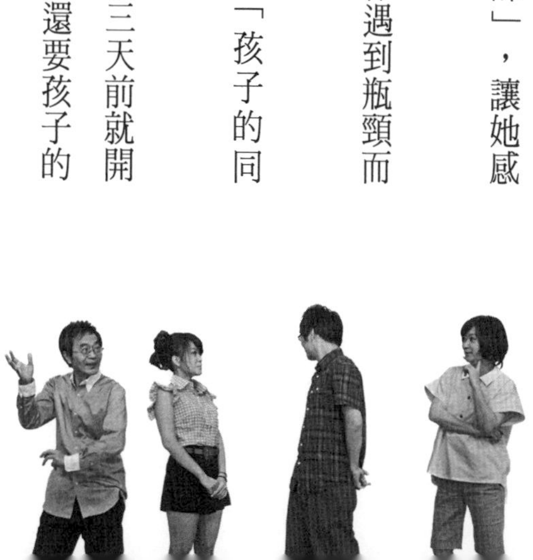

索性在廚房外掛一個小白板，讓大家隨時可以點菜，努力達成他們的各項要求。

我的私房料理讓妹子的同學好友們喜歡來我們家作客，吃完飯後她們還會留下來和王月聊天談心。我們和孩子的好朋友，就像家人一樣相處。

妹子說，有幾個同學下課了不想回自己的家，卻想到我們家。我一方面覺得開心，一方面也覺得可惜，家人相處的時間彌足珍貴，我和王月原本只是想單純扮演好父母的角色，沒想到卻成了別人眼中的「愛心爸爸」和「愛心媽媽」。

在我們家，吃飯是很重要的事。由於劇團的排練時間常常都是晚上七點到十點，所以一年三百六十五天，我有兩百天都不在家裡吃飯，因此只要有機會和家人一起吃晚餐，我一定會在飯桌上逗全家人開心。

為了讓全家人開開心心地吃一頓飯，我和王月有個共識，就是絕不在飯桌上責備孩子。我認為，即使父母工作很辛苦、工作上發生了再多不愉快的事，孩子都是無辜的。千萬不要把自己在職場上遭遇的挫折，發洩在孩子身上，全家團聚在一起吃飯，應該是一段最快樂的時光！

寵愛與溺愛的界線

孩子，我是你的辯護律師（王月）

妹子在校功課一向品學兼優，也主動參與各項活動爭取榮譽，常是老師們的貼心小幫手。有一次她在國三畢業前夕，竟因英文聯絡簿家長沒簽名三次，而被校方記「警告」乙次，我聽了難以接受，馬上寫封信呈請學務處，內容如下：

X組長：

對於您記慧凭「警告」乙支，只是為了英文聯絡簿沒有家長的簽名，便將此罪過加諸學生身上，我百思不得其解，也無法接受。試問家長沒簽聯絡簿，這算違反校規哪一條？二問，反觀英籍老師都有簽名嗎？三問，慧凭有因聯絡簿沒簽，而漏了哪一項該做的作業嗎？四問，有哪些家長真有閱讀聯絡簿上的事宜呢？我可以大聲向您報告，英文程度不好的我，從來沒閱讀過，我只是在框框內簽下我的名字，這樣徒具形式的行為，是否真有此嚴格執行之必要呢？

若您是關心慧凭的好師長，您應該知道慧凭不僅是成績優秀的好學生，更是一位爭取自己、校方榮譽的好孩子，而您卻絲毫不考慮一向有這麼優良表現的孩子，竟在她畢業之前，及在沒有任何口頭申誡之前，輕率地出此「警告」，您覺得對學生的人生觀會有什麼正面的影響?!

殷切期盼獲得X組長的了解，若無法收回此不合理的懲戒，溝通之路若真如此難行，我將採取訴諸大眾，讓更多人能參與此事之評

斷。

特此致

XX國中

學務處

李慧凭家長（母親）王月敬筆

二〇〇八年五月十三日

所幸，開明的校方隨即撤了那不合理的懲戒。我成了孩子的辯護律師。

思源國中時期，在外人眼中是個特立獨行又幽默健談的孩子。雖然他在學校的成績很差，但我和國修並不擔心，因為我們認為孩子有自己的思想和健全的人格才是最重要的，這是我們寵愛孩子的表現。

但是，我知道寵愛與溺愛的界線，所以在他做錯事、遭受質疑時，我會聽取兩方的意見，做出正確的判斷。

有次思源與校方產生了一些爭議，我了解校方所陳述的立場後，和他們說明，我需要時間釐清前因後果再做回覆。

我常和思源說：「媽媽就像你的辯護律師，你一定要把發生的事情和盤托出，有做錯的部分，你要檢討；對的部分，媽媽會幫你和校方溝通，媽媽是站你這一邊的。」雖然這話聽起來像是偏袒孩子，但思源總會一五一十地對我交代清楚；在陳述事實的同時，他對於自己的行為也有了一番檢討，所以我們母子一直維持著像是律師和客戶的關係，彼此都有極大的信任。

＊＊＊

這樣的互動方式也讓他練就條理分明的說服能力，於是我們之間開始有了角色轉換。

記得思源國小六年級的時候，他看到同學開始使用手機，也想要一支，於是希望我買給他。

我之前已和他講過要上了國中以後才可以擁有手機，但思源仍然不死心地想要說服我。他冷靜地向我分析「沒有手機的缺點」，例如「因為沒有手機而必須走非常遠的路，去和同學說他臨時無法參加聚會……」；「如果在外面發生什麼事，又找不到公共電話，要怎麼通知妳？媽，妳不是老擔心我，有了手機，妳可以隨時知道我的行蹤……」後來他甚至搬出數學公式，計算出目前距離上國中只有多少天，如果提早可以拿到手機，可以解決多少問題，他還主動提出願意去上「數學加強班」……想盡辦法用各種理由來說服我。

最後，我竟然被他成功說服，買了一支手機給他。

思源信心滿滿地說：「媽媽，我覺得我將來可以去當律師了。」

我無奈地笑了笑，他又說：「不能被我說服的事情應該只有三種情況。」接著說：「第一，對方不聽我說話。第二，我準備的資料不夠。第三，對方理解能力有問題。」

＊＊＊

思源在國中二年級時，有一天主動和我分享他在學習上的困境，我知道他又準備要說服我了。他說，有感於台灣教育環境普遍以成績優劣來決定學生的素質，造成他的挫敗感，再加上他從小學至今的好友「四人幫自閉團」，其中三位陸續到國外求學，所以他希望自己也能跟進，到加拿大找到學習的熱情。

我和國修向來支持孩子發展自己的興趣，也相信他現在遇到的困難必須解決，於是成就他的心願，讓才十五歲的他一個人遠渡重洋，出國唸書。

思源隻身在海外求學的日子，十分辛苦。半年後的農曆過年前，我收到一封長達四頁的家書，他在信中寫著：

前幾天，看了一部電影，內容是述說「50 Cent」（現今美國的知名饒舌歌手）的故事。故事一開始，沒有出現他爸爸。他從小出生黑道背景，他是一個非常勤勞的黑幫分子，就連賣毒品，也比一般人早起。經過一些風風雨雨，他逃出了黑道，朝他的夢想走，立志成為饒舌歌手。等到故事的後段，他終於找到了他的父親，剛好是他以前的老大。在他找到的那一幕，有段O.S.是這樣講的：「我一直以為我這一生，都在尋找我父親。原來我在尋找的，其實是我自己。」

我曾經在國一，花了一年時間，思考我的未來。結果在國二那年，我的潛意識寄了封信件給我說：「Hey！我們找到你的夢想了！」而如今，我又用了這一趟留學，找自己。現在潛意識似乎通知我：「沒錯，它是你爸爸！」我之前浩浩蕩蕩地選擇了出國留學，如今，我感到萬分的寂寞。但我畢竟還是走在我的人生地圖上，我需要一位導師，我對於現在的想法很困惑，Save me out，我需要家人們的幫忙。

他在這封主旨「一封心事」的電子郵件中，先訴說自己隨著年齡增長，對於爸爸在戲劇成就上的崇仰與日俱增。接著再吐露出他想「回台拜師」——拜自己爸爸為師的心聲。我知道他在告訴我：他多麼想回家！

我反覆地看著這封家書，經過三天三夜的思索才回覆他，而且這次我知道自己必須忍痛拒絕他，說服他繼續留在加拿大。我告訴他：

做媽媽的我，此時多想馬上一聲令下地要自己的兒子回家來，因我是多麼想念你在家的身影、幽默的話語，和種種生動的表情。但我

不行，台灣目前的環境並不適合你，如果一旦放棄倉卒回台，將來會發現這只是逃避，徒增的是更多的遺憾。親愛的兒子啊，就像你說的50 cent的故事，你在尋找的，也是自己，而不是父親啊。

寄出信件的時候，我不確定是否真的能夠說服他，但思源後來堅持了他最初的選擇。之後，我們母子倆經常在電話上聊戲劇和談電影，我發現他有驚人的說故事能力和獨特的自我觀點，以及用鏡頭看世界的天分，我繼續鼓勵他去美國攻讀電影，朝向夢想之路邁進。

說服高手（李國修）

思源和妹子受到我和王月的影響，從小就能言善道，能立刻把所學去蕪存菁後，有條不紊地和別人分享。尤其是思源，被王月所扮演的「辯護律師」身分感染，後來自行發展出一套「說服父母」的簡報能力。只要是他想要得到的東西，他就會設計一份完整的簡報，內容包羅萬象，充分說明這樣東西對他的各種影響以及優劣勢分析，目的就是希望我和王月點頭同意，接受他的計畫。

印象最深是思源二十歲那一年，他想要買一部車，於是花時間準備了一份精美的PPT（Power point），把大家召集在客廳聽他報告。他一打開電腦，我看到桌面是一個跑車的方向盤，直接就說：「你要買車哦？」思源忍不住噗哧一笑，心虛地打開簡報，大家一看到標題立刻大笑，果然被我猜中，上頭一行大字寫著：「如何選購人生的第一部車？」

接著，他開始認真地介紹各種心儀的車款，包括車子的性能、市場上的評價、二手車的價位、未來維修狀況等的內容。其中講到如果在美國購買一部新車，除了關稅比台灣少很多，可以用台灣不到三分之二的價格購得；四年後美國的二手車市場價格不差，也可考慮轉

賣，或到時海運回台灣也值得……

在他講解的過程中，王月和我不時分心到一旁去泡茶或是上廁所。思源看我們不專心地走來走去，一邊認真地說明，一邊對我們大喊：「媽媽，妳坐好啦！聽我講。」「爸爸，這很重要，你聽我講嘛！」

我當然知道思源的用心，也很感動一個二十歲的大男生為了自己的計畫，花心思準備簡報和父母說明。身為一家之主的我，最後也對他的簡報做出明確的決定。

我告訴思源：「你的分析做得很好，但爸爸認為，人生的第一部車應該是二手車，因為你是新手上路，在路況和技術不熟悉的狀況，勢必會有一些碰撞，所以第一部車若是買新車是不對的。還有，我們家絕對不做違法的事，你現在一定要先把駕照考到，我們就同意你買一部二手車。」思源聽到以後非常高興，也不吵著非要買新車，並承諾會先拿到駕照再買車。

＊＊＊

有人曾經問我：「該如何去拿捏寵愛和溺愛的界線。」坦白說，我是屬於會寵愛孩子那一型，童年貧窮沒錢買玩具，所以自己當父親以後就常帶孩子去買玩具，盡力讓孩子快樂。王月則是扮演黑臉的角色，控制孩子的物質慾望，讓孩子養成正確的金錢使用觀念。兩個孩子在我們一邊寵愛，一邊說明的教養下長大，現在已是開始掌握自己人生的小大人。其實小孩心裡都明白，因愛而得寵，我們比溺愛多了真正的關心，他們也會因為這份寵愛而對自己要求，愛惜自己。

我相信每對父母都希望給自己孩子最好的資源，給予物質只是教養過程的其中一項，但是能讓孩子健康長大的力量，永遠是父母源源不絕的愛。

感受愛，付出愛

愛到世界末日（王月）

某天快至凌晨前，我接到在學校宿舍苦讀的妹子，打回家的緊急電話。

「媽，再過幾分鐘，就是五一一了。我怕真如謠言所說，台灣要末日，所以我想跟媽媽說，我愛妳。」十八歲的她仍帶著稚嫩的童音，在電話那頭說著。

有位自稱預言專家的王老師，信誓旦旦地說二〇一一年五月十一日台灣將發生大地震，造成百萬人死亡的流言。聽到妹子煞有介事地打電話給我，當下覺得這個流言並不可怕，因為它讓我聽到了真言。

我馬上哽咽地告訴妹子：「媽媽更愛妳，有妳這個女兒，媽媽這輩子什麼時候走，都值得了！」

這通電話也讓我想到，二〇〇四年發生南亞大海嘯時，當時網路流傳一則謠言：「下次再發生大海嘯時，將會在四十分鐘後侵襲台灣，海嘯將淹沒所有人。」當時十四歲的思源剛放學回家，就急著把在學校聽到的這個傳言和我分享，然後認真地問我：「如果是真的，那活著的最後四十分鐘，媽媽妳會做什麼？」

我一陣沉默，於是我反問思源，正值情竇初開的他說：「我要去和喜歡的女生告白。」我和妹子聽了都覺得好浪漫。接著，我去廚房問正在做飯的國修，他向來不回答這種假設性的問題，就拒絕作答。

但在我不斷地追問下，他思考了一會兒，慎重地說：「如果真

的是這樣，我會為我心愛的家人做最後一道料理，一起吃最後一餐飯。」聽完後，全家人的眼眶都紅了。

這幾年，有關世界末日的傳言不間斷，我們永遠無法預期還有多少時間可以運用。但可以確定的是，我和國修非常珍惜和孩子相處的每一刻，「末日預言」讓我們更加相信，唯有家人的愛才能克服存在於世界的所有恐懼。

「愛」的畢業獎（李國修）

思源小學畢業典禮那天，我以家長的身分出席這場儀式。當時，全校共有五個畢業班，一班有二十五人，在長達三個半小時的畢業典禮當中，主要都在頒獎，從校長獎、董事長獎、縣長獎、副縣長獎、議長獎……一直到全勤獎，班上有一半以上的同學幾乎個個有獎，但是思源連半個獎也沒有。

「你好歹也在學校撿個垃圾，可以拿到環保小尖兵獎。」我忍不住在台下小聲地調侃思源，他一臉無奈地看著我。

典禮一直進行到唱畢業歌曲落幕，由妹子代表在校生站在台上致詞並帶頭唱畢業歌。當音樂響起時，全校師生都起立歌唱，我拿起手中的ＤＶ，想要拍下大家的表情……就在這時候，我看到鏡頭裡有兩個人影哭了，仔細一看，一個是思源，另一個是他後排的女同學；我再看看這一班其他二十三名學生，有的嘻皮笑臉，有的面無表情，在他們的臉上看不到分離的感傷。

看著思源真情流露的眼淚，我在心中驕傲地對自己說：「太棒了！我兒子心中有愛！」

思源很不捨得同窗六年的友誼，就要在這個時刻劃下了句點，他明白未來不知何時能再見到這群朝夕共處的同學，他傷感這樣的離別，所以掉下了離別的眼淚。

我在DV後頭也跟著淚流滿面，我知道，我兒子今天拿到了一個最棒的獎，那就是——「愛」。

一直以來，我和王月只教給孩子三樣東西——想像力、幽默感以及愛，而且從小就大力灌輸他們這些觀念。

我認為知識是由學校來教，而父母要意識到，有一樣東西是學校不會教的，就是愛的能力。知識也許可以幫助孩子在社會上擁有一份穩定的工作，但是孩子能不能夠長久在社會上立足、有沒有一份關懷社會的心，這就是「愛」所造就的。我們給孩子滿滿的愛，其實也就是教他去感受愛，讓心中充滿愛，進而去回饋社會，並且對其他人付出愛。

＊＊＊

有一年，我在南部和一群朋友聚餐，其中有一個媽媽接到一通電話，講了幾句就掛了。我關心地問她狀況，她和我分享說她有兩個小孩，一個唸高中，一個唸國中，剛剛是唸國中的孩子打來，一打來就問：「媽媽，等下我要幹什麼？」

她生氣地回答：「等一下要做什麼，你不知道?!每個星期的課不是都排好了嗎？」她用很驕傲的口氣和我說，她為自己的孩子規劃了多少課程，星期一上鋼琴、星期二上心算、星期三上英語、星期四上畫畫、星期五上小提琴、週末則要去打禪……如此費心地安排，孩子竟然問她等一下要做什麼?真是令她生氣。

我後來把這個例子告訴一個朋友，他也和我分享了他朋友的真實例子。

有一對父母教育他們的女兒，從小學到大學都是全校第一名，後來出國唸名校的碩士，在她畢業典禮的前一天晚上，父母特地從台灣飛去和女兒一起慶祝，女兒在睡前問她的母親：「媽媽，明天我要做什麼？」母親回答：「明天再說嘛！拿到碩士，大家都很為妳高興

啊！」結果隔天就發現女兒跳樓自殺。

這兩個都是典型的負面例子，但其實類似的事件時有所聞，我和王月不是聽到這些負面的例子才開始改變我們的教育，而是一開始就決定我們的教育方法，後來才發現我們的方法也許不是最好的，但卻是最有趣和最有效的。有效是指我們做到了給孩子信心，親子間彼此建立信用，不管父母或孩子做什麼，都一定要信任對方，對未來保有共同的信仰，這是一種自我價值觀，父母和子女間共同的價值觀就是一種信仰。例如思源十三歲就來問我是怎麼找到自己的？十五歲時他決定要拍電影，目標是為了父母拿到奧斯卡金像獎；而妹子十八歲決定要幫哥哥賣電影，這都是尋找自我、建立自我價值觀的一個過程。

我和王月一直都採取開放的態度去教育孩子，只給他們愛、幽默感和想像力，沒想到孩子長大了以後，也繼承了我們的價值觀，發揮了這三樣法寶。我想這足以為我們的教育方式做一個很好的說明。

尋找獨立的背影（李國修）

思源十一歲那一年，吵著要買腳踏車，我和王月擔心台北的交通太亂，在路上騎車有危險，所以遲遲沒有答應。但最後拗不過思源的哀求，我們還是買了腳踏車給他。為了公平起見，我們幫他和妹子各買了一輛，一大一小，皆大歡喜。只是在付了錢準備回家時，才發現問題來了，車子後車廂都塞不下兩輛腳踏車，於是決定讓王月先載妹子回家，我跟思源牽著兩輛腳踏車走路回家。

為了避開街上擁擠的車流，我特意帶著思源往小巷子走。在這十五分鐘的路程中，思源堅持要自己牽自己的車，我想幫忙，他卻三步

併兩步地推著單車向前走。

走了一小段路後，來到一條僻靜的巷道，他突然停下來，轉頭對我說：「爸爸，我可以騎這一段嗎？」我看了看四周的環境，確定沒問題後，笑著點點頭，趕緊再提醒他：「靠邊騎哦！」

他興奮地跨上座位，回頭朝我笑了笑，接著用力踩下踏板，義無反顧地往前騎去，我看著思源騎著單車的背影，心裡想著：「他會騎多遠？」以及「他會離我多遠？」

* * *

有天晚上，思源突然問我：「師大離我們家是不是很遠？」我想了一下回答：「滿遠的，坐捷運要五站，至少三、四公里的距離吧！」

思源點點頭，似乎很滿意這個答案。

我好奇地問他為什麼這樣問，只見他一臉得意地說：「沒事。」

就轉身離開。

我立刻叫住他，問說：「你今天騎腳踏車到師大了，對不對？」

思源開始興奮地形容，他今天如何從景美騎到師大、再騎回家，以及沿途所看到的風景。

我聽著思源驕傲地述說這段「四公里長征」的經歷，除了為他的行車安全感到擔心，也訝異於才十一歲的他，所認識的生活空間已經不再只有住家和學校而已，他自己一個人騎著單車，將生活版圖擴大到四公里以外的地方。

我很想知道，思源是抱持著什麼樣的動機，一個人騎著單車到四公里之外的地方？

而我也赫然發現另一個事實，就是那天當我答應讓思源在那條安靜的巷道裡跨上單車的那一刻，他已在一瞬間長大了！這個擁有人生第一輛腳踏車的少年，從兒童變成了少年，對於未來更是充滿了自信

與期待。

* * *

我也想到自己在國小畢業前，始終沒有勇氣從南到北地走過中華商場，一直到十八歲，我才第一次離開生長的台北，去成功嶺接受大專兵訓練。

第一次離家，就要在成功嶺住六個星期。入營受訓後的每個晚上，大通舖總是充滿了阿兵哥想家的嗚咽聲。被棉被壓抑的哭聲很具有感染力，通常有人一哭，大夥兒全都哭了！這種感傷要持續到懇親會那天才會結束。

從小到大，父親沒有參加過我的母姊會或畢業典禮之類的活動，可是成功嶺懇親會那天，他和大姊一起來了！自從母親去世後，他很努力地身兼母職，用實際行動來關心孩子。

在烈日當空之下，我看到父親的身影遠遠走來，他戴著金絲邊平光眼鏡，穿著筆挺的西裝，手裡提著牛皮公事包，刻意裝扮得像個讀書人或是有錢的生意人。但我心裡很清楚，那個公事包裡面什麼都沒有，是他替我做面子的偽裝，他其實就只是一個平常穿著汗衫、綁褲頭、做手工戲鞋的師傅而已。

我看著他大熱天穿著西裝，大汗淋漓的身影，當場淚流滿面……

那一天，是我離家最遠的一次，卻也是和父親最親近的一次。

磕頭拜年的意義（王月）

國修在他二十歲的時候，收到他父親送的成年禮，那是一個很普通裝印章和紅色印泥的長方黑盒子，裡頭裝著一個也很一般的黑色印章，上面刻有「李國修印」。這個印章對國修而言不僅是印鑑章，舉凡大大小小要用到印章的事，小到郵件簽收，大到重大合約，一直貼身使用到現在，小心翼翼珍惜的程度，孩子也都看在眼裡。

我認為印章是一個很好的傳承祝福。

妹子十七歲生日的時候，我剛好人在北京，特地去找到一個手工刻印的店家，選了一個白色的玉石，刻上妹子的名字。等回到台灣時，再把這個印章親手送給她。

妹子一看到印章就說：「媽媽，妳怎麼知道我想要的就是這個！」

她把印章緊緊握著，感動得直說會好好珍惜，她知道她拿到像父親一樣的「成年禮」。

＊＊＊

我們家還有一個從以前到現在一直堅持的傳統，就是每年過年的時候，孩子要跪在地上向父母磕頭拜年。

孩子小的時候，為了拿到紅包，所以心甘情願地磕頭。我和國修看著他們小小的身體，向我們行正式的禮儀，覺得好可愛。而且他們每年都會想一些特別的吉祥話，真的好窩心。

隨著孩子漸漸長大懂事，他們每年的吉祥話也開始有了轉變，會把自己對於父母的感激與真心祝福毫不保留地說出來。

我和國修都是感性的人，看到他們一跪下，淚水忍不住就在眼眶裡打轉。聽完他們的「吉祥話」，總會鼻頭發酸、紅著眼眶，欣慰又不捨地上前擁抱他們。

這幾年思源在國外唸書，無法回家過年，所以磕頭拜年的工作就落在妹子的身上。

她知道自己要代替哥哥完成這個莊重的儀式，努力盡到兩份孝道，責任重大，所以更認真地進行。特別是她想到自己也將離家出國唸書，所以跪下來的時候，忍不住哭了！

看著妹子哭著謝謝我們對她的養育之恩，並祝我們身體健康的模樣，那一刻我才深深體會到，她真的長大了。

或許，將來我們成了爺爺、奶奶，孩子帶著孫子也會向我們磕頭拜年。他們都了解這個儀式背後的意義，是要他們懂得感恩、知福惜福，這不僅是一種傳承儀式，也是孩子對父母飲水思源的深深感謝。

十八歲的高空彈跳（王月）

思源十八歲生日那一天，為自己準備了一項生日活動「高空彈跳」，他和一群朋友興高采烈地做了決定以後，才打電話來詢問我的意見。我擔心安全問題，立刻就拒絕，並告訴他這項活動的危險性，他都還沒有做過身體健康檢查，怎麼知道自己心臟有沒有問題？如果有問題，一跳下去豈不是無法挽回了？再者，他找的高空彈跳是安全合法的嗎？有合格的教練在現場嗎？我一連問了好多問題，想要澆熄思源的興致。

思源當天立刻在網路上找了一系列關於高空彈跳的安全說明文

章，以及合法教練的相關資料來說服我，向我證明他的決定不是一時興起，而是認真做過功課才下的判斷。我看著成堆的資料，還是不放心讓他去做那麼刺激的活動，可是又不忍心當下拒絕傷他的心，就和他說會考慮看看，也要思源先緩一緩，等我把這個活動了解透徹以後再回覆他。

結果思源不等我的思考和答覆，拉著朋友在他生日當天去實現了這個生日願望。我知道以後非常生氣，正值年輕氣盛的他，也不願和我多作解釋，於是我們母子冷戰了一個多星期都沒有說話。這是我們親子關係有史以來的最低氣壓，後來我受不了這樣的氣氛，決定先打破僵局寫了一封信給思源，內容是告訴他母親的擔憂與關心，我知道他滿十八歲了，的確可以為自己的人生做出重要的決定，但做任何決定前都要為愛他的家人多想一點，不需要嘗試不必要的冒險。

我把這封信偷偷地塞進他房間的門縫下面。隔天我在客廳，思源緩緩地走過來。

「媽，我是鼓足最大勇氣要和妳心平氣和地溝通……」思源走到我面前和緩地說。

「我一直以這個家庭為榮，我曾經覺得我沒有資格當妹子的哥哥，因為妹子功課很好，我很羡慕她，我不是讀書的料，但我想做點我不敢做的事，那就是高空彈跳，雖然妳認為這很愚蠢，但我就是想挑戰我自己。

「媽媽，妳知道嗎？如果有一天我拿到什麼獎時，我第一個感謝的人是妳，再感謝爸爸，妳對我是非常重要……

「妹子功課那麼好，其實對我來說，我很自卑，因為我什麼都不會……」

思源一連說了好多自己藏在心裡好久的心事，也包括他對未來的期許。我一聽到他這番真情告白，立刻就哭了出來。思源也邊掉淚，

邊主動說：「好了，抱一下！」我們母子立即相擁而泣。

此時妹子從房間衝出來，哭著說她剛剛躲在房門後偷聽了很久。妹子說她一直把哥哥當偶像，因為沒有哥哥創作的才華，只好努力用功把書唸好，沒想到自己的表現卻成為哥哥羨慕的對象。於是，我們三人因著不同的理由而感動，哭著抱在一起。妹子還說：「好感人，剛剛應該拍下來，記錄下來的……」

第二章
戲劇人生

產房內的獨角戲

（李國修）

在第一個小孩思源即將出生之前，隨著時間接近，我忐忑不安的心情愈是明顯。

我擔心王月和思源在生產過程的安全問題，到處打聽可靠的醫生，最後決定選擇朋友一致推薦的中山醫院陳福民醫師，還記得當時我暫時鬆了一口氣，但馬上又為了要不要陪產的問題煩惱不已。

王月那時候參加拉梅茲呼吸法的課程，這是一套夫妻一起進行的順產方法，從生產前的練習到生產過程的投入，希望夫妻一起完成。但因工作太忙，我沒去參與生產前的課程，所以覺得我至少應該做到陪產這件事，但同時又感到惶恐不安，於是開始向好友打探陪產的經驗。

我的好朋友顧寶明當時舉了一個朋友的例子給我聽，讓我對陪產這件事更是卻步。他說那位朋友在妻子生產當時，就站在產道口的正前方，親眼目睹了整個血淋淋的生產過程。事後，雖然母女均安，全家都沉浸在新生命誕生的喜悅當中，但那位朋友仍不斷回想起太太生產時的血腥畫面，最後竟然崩潰了。

我知道這個故事太誇張，我真的很想在第一時間看到自己的小孩，但又擔心萬一自己和那位新手爸爸一樣……於是思源出生的日子愈接近，我的心情愈是焦躁不安。

＊＊＊

一九八〇年十二月二十四日，王月開始陣痛，我陪著她到醫院去待產，由於產道開口未到十公分（約五指寬）無法自然生產，我們只

能在醫院裡焦急地等待。在等待的過程中，我感到胸口鬱悶，一股莫名的壓力席捲而來……我走到待產房外的小陽台去冷靜一下，蹲下來仰望著天空，突然間，我思念起我的父親。

我有五個兄弟姊妹，在我父親生前他們都已結婚生子，唯獨我這個小兒子在他辭世前仍是孤家寡人，不知道他老人家是否帶著一絲遺憾離去呢？

現在，我的下一代即將誕生，他將延續著李家的思想和命脈，我要將父親賦予我的生命力傳承到他身上。我遙望著天空，很想和天上的父親說：「爸爸，您可以放心了！」

在懷念父親的同時，我的胸口還是一樣鬱悶，複雜的情緒開始把我帶向另類思考：甚至我還想到，如果我在這時候因為過度高壓而暴斃死亡，那麼也是「死而無憾」了！因為思源即將出世，我相信王月將來會把他調教得很好，讓他繼承我未完成的遺志，成為一個李家的孩子。

＊＊＊

思源出世的那天下午，王月忍受著愈益加劇的疼痛，而我也在慌張不安中迅速整理情緒，要求自己勇敢地陪著媽媽度過待產的煎熬。好不容易熬到產道開口已達八公分時，雖然之前有麻醉醫師為王月施打無痛分娩的藥物，只是，這藥物有時效性，每每兩、三小時就失去了效用。

此時陣痛加劇的王月，只希望再來一劑減輕疼痛，可是我和醫師商量過後，為了不延長產程時間，決定讓她自然地熬過陣痛，盡早把思源生出來。

這個決定對王月來說是很殘忍的，所以我當下即興發揮，瞞著她，悄悄自導自演了一齣「麻藥沒有了」的戲碼。在她痛苦地呼天喊地要打麻醉針時，我一邊安撫她，一邊氣憤地抱怨醫護人員的不專

業，還忙進忙出地說要去替她催麻藥，最後甚至自己出去找。當然，出了病房什麼事也沒做，回來後繼續用各種奇怪的理由，甚至編了「已經到別的醫院調藥」來搪塞王月，讓她知道我正想辦法為她分憂解勞，也許多少能讓她忍耐捱過劇烈的疼痛。

果然，不靠麻藥的王月縮短了產程，總算聽到醫生說「五指開」，我們一路從待產房推進了手術室（產房），不枉我一人獨撐了個把小時，演完這齣獨角戲。

陪王月進產房的那一刻，內心的恐懼多於期待，但是害怕陪產的心結還沒打開，我就已經站在手術台旁邊了。因為害怕，所以我不敢站在產道口，也故意不去留意床的另一頭發生了什麼事，選擇在王月頭的這一側，附和醫師的精神喊話，要她大力吐氣又吸氣地，努力把小孩「生出來」。

就在王月用力憋氣想把思源排擠出來的剎那間，我的腦中又出現了自己國中一年級時，為了游泳而練習憋氣的畫面。當時，我再怎麼努力練習也只能撐到五十秒就得浮出水面，可是王月卻一口氣吐出，撐了足足有兩分鐘之久……那一幕深深感動了我，也令我紅了眼眶，所謂「偉大的母愛」，指的就是這個吧！母親和孩子臍帶分離的瞬間，必須承受這麼大的磨難，任誰都得佩服。

在王月一連試了兩大口的氣，吐完第三大口時，思源就被陳醫師拉了出來。看到黏稠稠的透明液體包裹著紫褐色的小小身軀，我緊張地問醫師：「這顏色正常嗎？」醫師輕鬆地和我解釋沒問題之後，我才放下心來。隨後，聽到思源洪亮的哭聲，我也忍不住跟著熱淚盈眶……

＊＊＊

十九世紀寫實主義大師易卜生曾說：「我創作有三個階段，第一階段為愛創作、第二階段為朋友創作、第三階段為錢創作。」所幸我

的戲大多因愛而生，特別是對於家人的愛。我為父親創作了「京戲啟示錄」（一九九六），也為母親創作「女兒紅」（二〇〇三），也曾為兒子創作「鬆緊地帶」（一九九一），為女兒創作了「六義幫」（二〇〇八），家人一直是我在創作路上最大靈感來源。

我還記得思源出生後第一年，我正埋首因兒子出生帶來的感動，而引發創作靈感的「鬆緊地帶」劇本，有時文思泉湧一直寫下去，但有時腸枯思竭，半個字都寫不出來。只要我覺得焦慮的時候，就會停下手上的工作，離開書房，走到思源床邊，把鼻子貼近他小小的身體，努力嗅他身上特有的奶香味，我覺得這是一種存在感的提醒，我知道自己所有的努力都是為了這個新生命，那股奶香正是讓我持續創作的力量。

我在一九八九年以前的作品，曾被劇評家討論：「李國修的戲，都有一個孕婦的角色。」後來有人詢問原因，我回答：「這是一種自我期許，我希望成家立業，想要有下一代的傳承，而孕婦正是我對生命的期待。」後來，我和王月結婚也有了孩子，大家還是可以在我的作品中看到孕婦的身影，以及舞台上又多了「一個抱小孩的婦人」，因為我期待透過作品將這份希望繼續傳達出去。

至今，我還沒為王月創造一齣戲，這也成為我未來繼續努力的動力之一！

流眼淚運動（李國修）

我和王月都很喜歡看電影，原本我們是想從中獲得戲劇的樂趣，後來變成了一種宣洩情緒的管道。

思源和妹子出生後，也陸續加入看電影的行列，跟著我們在戲院裡大哭大笑，一家人毫不保留地分享看電影時的內心感動。

有一部義大利電影「美麗人生」（La vita è bella），令我印象非常深刻。它是由羅貝托・貝尼尼（Roberto Benigni）自編自導自演的一部黑色喜劇片，內容講述一名樂觀的猶太小夥子愛上了一位美麗的女教師，他憑著過人的幽默感，終於抱得美人歸，兩人生了一個可愛的小男孩，一家三口過著幸福平靜的生活。

但是，隨著第二次世界大戰爆發，一家人被拆散，關進了集中營裡。

父子被關在同一個牢房，而父親為了不讓兒子幼小的心靈受到影響，告訴兒子這是在玩遊戲，贏的人可以得到一部坦克車。最後，父親不幸死於納粹的槍下，臨死之前兒子以為遊戲仍在進行。

我常和朋友討論這部片的哭點，結果大家都輸給我，因為我在這部片上映之前，看到報紙寫的故事大綱時就哭了！

這部片上映後，我自己先看過一次，一個人在戲院裡哭得淅瀝嘩啦，因為忘了帶面紙，把整件衣服的袖子都弄濕了。第二次，我們全家一起去看，我記得那時妹子才五歲，我怕妹子不識字、看不懂劇情，就事先在家裡把劇情解釋一遍給她聽，前往戲院的路上，我還提醒王月：「這部片非常好哭，妳要多帶一點面紙。」

由於同情劇中角色的遭遇，雖然是第二次觀看，電影播放時，我還是感動得哭了！正當我抽起一張又一張的面紙擦眼淚，轉頭看看其他家人時，才發現只有我在哭，其他三人都面無表情地盯著大螢幕。

原來，記憶力超強的妹子，一直在媽媽的耳邊預告劇情，提醒她接下來的發展是「等一下他就會走出來，然後他兒子還是以為他爸爸在跟他玩……」一直演到最後兒子躲在郵筒裡，看到即將被送去處死的父親，從他面前搞笑地踢著正步經過的畫面時，妹子就說：「媽媽，我不和妳說了，我要哭了！」然後妹子就開始哭泣。

於是，整部電影結束後，只有我們父女兩人流滿感動的眼淚，王月因受妹子提詞的干擾沒能盡情享受，兒子也沒有多大的情緒反應。

螢幕裡最後一段字幕還沒出現，戲院的燈光突然乍亮，工作人員大喊著：「垃圾請丟到前面的郵筒裡。」我還來不及收拾情緒，擦乾最後一個哭點的眼淚，一臉尷尬地呆坐在位置上，在王月的提醒下，才趕緊帶著孩子離開電影院。

出場時妹子仍在啜泣，我們還被戲院的工作人員問道：「怎麼搞的？小孩哭啦？」那種口氣好像懷疑我們剛剛在戲院裡打小孩，我趕緊回應：「沒事，是電影太感人了！」

一直到走出電影院，思源才突然放聲大哭！

我問他怎麼了？他回道：「這部電影好感人！」

「那你剛剛在戲院為何不哭？」

他說：「剛剛太多人了，我不敢哭。」

我笑著說：「電影院裡就只有我們一家人，還有後面兩對情侶，哪有什麼人啊！」

「爸爸，你和電影裡的男主角好像，你以後不要搞笑好不好？」思源哭著對我說。

那一刻，我才知道，兒子完全看懂這部電影，只是忍到最後一刻

才敢真正釋放出情緒。

他一定是想到和我的父子關係，我在他面前也是一個搞笑諧星的角色，盡其所能地給他愛和幽默感，就像電影中的父親一樣。

* * *

還有一次，我們看日本電影「鐵道員」，我用了十張面紙擦眼淚，妹子也跟著我一起哭，用了八張面紙。後來，我們還一起看了日本純愛偶像劇「在世界的中心呼喚愛」，更是每一集都哭得很慘，全家人每次看悲劇都像是在比賽，誰哭得最厲害。

想笑就大聲笑，想哭就大聲哭，是我們一家人表達情緒的方式。我和王月一向率真地引導孩子不要壓抑情緒，自然地流露出情感，經由情感的宣洩力量，可以找回自信和勇氣。

我認為從小教導孩子適度地排解情緒，找到情緒宣洩的管道，是非常重要的事情。現代人的文明病之一憂鬱症，我認為就是過度壓抑情緒所造成的。大家常講「男兒有淚不輕彈」或是「人前不掉淚，人後不哭泣」，這其實是錯誤的觀念。錢可以存起來，可是眼淚千萬不要存，因此，我鼓勵大家平常多流淚，不要失去我們與生俱來的感性能力。

＊＊＊

我的母親因思鄉，曾被當時醫生診斷她得了「精神神經病」。她長達十多年的時間，足不出戶又自我封閉，經常喃喃自語。我當時很無助，只能想辦法扮鬼臉逗母親開心，後來我回想起來，我知道我母親其實是罹患了憂鬱症。為了讓其他人不像母親一樣深受抑鬱之苦，我在二〇〇二年發起了一個「流眼淚運動」，至今已進行了五百場演講，鼓勵大家不要壓抑情緒，要讓眼淚痛快地流。

我曾經看到一則新聞報導，美國某州的小鎮，有位百歲人瑞，記者訪問他：「養生長壽的秘訣是什麼？」老先生懶得回答，由他身旁

八十多歲的女兒代答。

「我父親沒有什麼長壽秘訣，我只知他很愛哭，他很會處理他哭泣的情緒。」我看完報導，更讓我證明「流淚會健康長壽」。

對於哭，我認為前日本首相小泉純一郎也和我有相同的想法。有一回，小泉出訪貧窮友邦時，一下機，映入眼簾的是滿滿的小朋友揮舞著小國旗，心中一陣感動，淚水沿著臉龐潸然落下……這件事固然受到日本媒體批評，認為「首相要剛強，怎能隨便流淚」，但小泉只是淡然回答：「我當時感動，就流淚了！」

後來，小泉的真情流露，在男性情感特別壓抑的日本社會引起風潮。當時不少日本男性上班族組成「淚同好會」，下班後相約看感人的電影，抱頭痛哭一場來排解工作壓力，可見男人真不該壓抑情緒，否則身心都會不健康。我建議流眼淚運動最好的實踐場所就在電影院或劇場，放下心讓能夠感動人心的作品來感染自己。尤其是看屏風的戲，千萬不要不好意思哭，萬一旁邊的觀眾阻止你的話，我會出面挺你的！

我們一家都愛玩

（李國修）

我們一家人經常在一起玩「無聊的」遊戲，最常玩的是「找人」遊戲，在思源四歲、妹子兩歲的時候就開始玩，我揹著妹子，當著思源的面到處找妹子。

雖然大家都知道妹子被我揹在背後，但我故作鎮定地去尋找，先從大的空間開始，例如打開房間的門大喊：「妹子，妳在哪裡？」還問思源說：「妹子在廚房對不對？」接著，換到小空間的物品，例如拉開抽屜或翻垃圾桶說：「妹子，妳在不在？」淨是找一些不可能的地方，孩子看見、聽到都笑翻了！

妹子知道爸爸在演戲，為了配合這場情境劇，努力憋著笑，不敢大聲笑出來，因為她知道一笑出來，爸爸就找到她了。而思源也樂在其中，不斷地指引爸爸去客廳、冰箱、浴室，以及衣櫃裡找找。當我假裝找不到而苦惱時，他一邊大笑，一邊指著其他地方，要我再試試看。這個找人的小遊戲，我們家連續玩了好幾個月，樂此不疲。

想像力與幽默感是我的人生哲學，我也會在生活中身體力行，例如開車出遊時，我常會耍寶表演現在正在開飛機，學機長空中廣播，「現在飛行高度『滋』……『滋』、地面高度『滋』…………請大家『滋』（意思為重要的字語，總是被雜音干擾）……」因為這是大家坐飛機常會聽見訊號不明的情形，我把它誇張了，小孩也懂此幽默，哈哈大笑。或是全家出動去買玩具時，我會唱自創的玩具歌，要孩子一起唱，後來他們還會自行修改歌詞，把歌詞裡的玩具換成想要的，希望我買給他們。

我們家有一個五十吋的大電視，在沒有打開電源的時候，螢幕會像黑色鏡面一樣，反射出電視前面的影像。我會帶著孩子在電視機前面玩「剪刀、石頭、布」，然後出其不意地對著電視扮鬼臉，要求他們一起加入，大家使出渾身解數出招，但鬼臉不能重複。玩到最後，思源和妹子的鬼臉招數總會超越我，變不出其他花招的我，只好認輸。

有一年我學了一些魔術，經常對著兩個孩子以及朋友的小孩變魔術，當時我曾表演一招把香菸放進鼻孔裡，然後再從耳朵拉出來，真實情況當然是香菸藏在手心裡，但孩子們都沒察覺，以為香菸真的消失在鼻孔中。

第二天下午，思源突然鼻塞，我們都以為他感冒了，我往他的鼻孔裡一看，發現裡頭有一個樂高的小積木！一問之下才知道，他也向朋友小孩變魔術，塞進去後忘了拿出來。這件事說明小孩會有樣學樣，而且可能只學了一半，一不小心可能會發生危險，也讓我之後表演都會盡量交代清楚整個過程。

類似這樣的小遊戲，我在思源和妹子小時候經常表演，這些全都是我自己創造出來簡單的戲碼，既能增進親子互動，讓孩子開心玩樂，也可以刺激他們的想像力。我認為思考不是垂直式的，只有一種答案，而是可以使用水平式思考法，有無限多的變化可能。

戲劇是我們的共同語言（李國修）

在創作一個新劇本或是準備演講稿時，我習慣從「井字架構」開始發展，一個井字符號，就可以衍生出無限的創意和思考點。這是我從《MEMO學入門》（金泉浩晃 著）學到的。

方法是先拿一張白紙，在中心位置畫出一個井字，在井字的中心位置寫下主題，並在圍繞中心的八個格子裡，寫下與主題相關的項目。任何聯想到的點都可以先放入這八個格子當中，每一項都可以再延伸新的井字；有些項目可以不斷發展下去，有些則無法，這表示該項目與主題的連結性不夠，所以只要針對可以延伸下去的項目發揮即可。

我在創作「京戲啟示錄」的時候，就是從一張井字圖開始，每個角色都是從井字開始發想，最後總共用了七十張草稿紙。當然不是七十張都適用，只有其中幾張才是精華，這時我會把精華轉化成場次結構表。也就是說，當我完成井字圖和結構表時，我的劇本也就接近大功告成了。

思源在美國唸大學主修的是電影，上學期他修了一門劇本創作的課，受到我的影響，他也用井字思考來發展自己的劇本架構。拜先進的科技所賜，他把圖直接畫在平板電腦上，比我的方法環保多了！這也成為我們父子倆的共同語言，我只要看完他的井字架構，就能掌握他的劇本內容和角色發展，思源的作品充滿細膩的情感和豐富的想像力，讓我感到「有子承衣鉢」的欣慰。

＊＊＊

除了井字形思考，「六頂思考帽」也是我在劇場工作時最常使用的方法。這是創意廣告業經常使用的方法，目的在指導人們進行「平行思考」，也就是一次只用一個觀點想事情，讓思考過程簡單不混亂。根據愛德華・狄波諾在《六頂思考帽：增進思考成效的6種魔法》中提到，六頂帽子指的是六種思維模式，每個人在思考時可以自由取戴，也能隨時切換，這六頂思考帽分別是：

白色思考帽：白色是中性的顏色，象徵中立和客觀，代表思考過程中搜集證據、數字、訊息等中立客觀的事實與數字。

紅色思考帽：紅色是溫暖熱情的顏色，象徵直覺和情感，代表思考過程中的情感、感覺、印象、直覺等問題。

黃色思考帽：黃色是陽光與樂觀的顏色，象徵積極和正面，代表思考過程中的樂觀及建設性思考，研究利益所在、可取之處等問題。

黑色思考帽：黑色是邏輯與負面的顏色，象徵謹慎和負面，代表思考過程中反思事實與判斷是否與證據相符，考慮風險、困難，和潛在問題等負面因素。

綠色思考帽：綠色是活躍的顏色，象徵創意和巧思，代表思考過程中的探索、提案、建議、新觀念，以及可行性的多樣化這些問題。

藍色思考帽：藍色是冷靜的顏色，象徵指揮和控制，代表思考過程的控制與組織，冷靜地管理思考程序及步驟、了解需求、總結與決策。

愛德華表示，當我們使用「六頂思考帽」進行思考時，切記一次只能戴一頂帽子，因為一次只想一件事情。當你戴上某種顏色的帽子時，就用該頂帽子的特性來思考，在戴帽子的過程中可以提醒我們轉換思維，讓混亂的思緒變得更清晰。例如在一個創意思考的會議上，

主管最好戴藍色的帽子，指導大家戴哪頂帽子來思考。

這種思考法對於團隊合作時的決策過程特別有效，可將團體中無意義的爭論變成集思廣益的創意，使溝通更有效率。

這其中最常被我使用的是綠色思考帽，它包含的方法有前進和誘因。「前進」指的是用一個想法，引領我們向前尋找新的想法，「誘因」是任意尋找一個字，以它為出發點來看待原本的主題，即以「PO」來表示。它能讓我們從不同出發點，去思考原來的主題。

＊＊＊

有一次，我在Discovery節目中看到一個有趣的PO例子，就是龍蝦PO火星，這兩個八竿子打不著的東西，竟然會組合在一起，證明這個理論的實用性很高。

故事是從星球探勘的機器人開始，原本是一種滾輪式的機器人，但科學家經過連續幾年的探勘後發現，這種機器人在不可抗力的無重力空間裡容易翻覆，一翻覆就損失幾千萬美金。於是他們開始研究，究竟什麼樣的裝備或設計，才能使機器人在探勘過程順利完成任務。這時候，有一個科學家發現龍蝦在海洋深處的活動力非常強，能夠自由運用肢節去取得食物或防禦，於是他們請設計師把機器人的滾輪設計成龍蝦肢節的手臂，後來這套龍蝦機器人送到外星球去實驗看看，過程意外地順利，之後便取代滾輪式機器人，成為火星探勘的主要工具。

我個人對PO的解釋，只有一句話說明：「不相容的兩者，合理地連結，謂之PO，謂之創意。」這套方法對於創意的啟發非常有用，而且總能得到意想不到的效果，我經常把它應用在劇場的會議上，只要大家想不出點子，我就會說：「那就PO吧！」往往就能激發出無限的創意。

有一年，妹子在學校的繪畫課完成一幅很有趣的作品，我一看就

知道是用PO的創意所組合出來的。作品的背景是美國南北戰爭時期，妹子畫了很多無奈地看著前方排排站的黑奴們，然後每個黑奴都成了大大的數字「1、2、3、4⋯⋯」取代原本該有的身體模樣。妹子解釋說，這些黑奴在當時的南方政府眼中，不過是被剝削利用的勞工，他們的姓名或背景都不重要，只像是數字一樣被使用著。這是一幅非常勇敢的創作，讓我為妹子獨特的想法感到驕傲。

從小時候的圖文故事書《小老狗》到現在，妹子的作品呈現了典型的A型特質，偏向悲觀面的創意思考，但是創作的行動力卻是驚人的樂觀。

我們一家都愛演

綁架排練（王月）

在思源和妹子國小的時候，曾發生一件重大的社會新聞，歹徒潛藏在麥當勞餐廳裡物色小孩，選定之後把小孩帶到廁所裡，用迷藥把小孩迷昏之後，將小孩的衣服換掉、甚至頭髮剪掉，最後再從容地抱走小孩。這招讓家長從監視錄影帶也找不到自己的小孩是哪一個，非常駭人聽聞！

我和國修知道這個新聞以後，擔心兩個孩子也會遭遇這樣的事情。

為了讓小孩知道在公共場合被壞人綁架時，該怎麼求救或反應，於是我們決定在家「演練」。國修著手把新聞事件改編成一套自救教學的劇本，目的在告訴孩子要怎麼反抗跟拒絕壞人。

我們決定國修扮演歹徒，我是他同夥的鴛鴦大盜，妹子扮演被綁架的小孩，思源是被綁小孩的哥哥。我和國修合力把妹子抱起來帶去廁所變裝，思源這時候警覺到壞人來了，要妹子先不要驚慌，等到壞人走到人多的地方，再大聲呼喊救命。

在正式排演前，我把劇本的重點和目的先和兩個孩子說，他們也點頭興奮地附和，表示知道現在是在演戲。結果正式排演時，我和國修慎重地打扮成若無其事的歹徒，然後國修出其不意地一把將妹子抱起，思源卻忘了先前預設要鎮定的腳本，一股腦地衝上前抱住爸爸的大腿，真情地哭喊：「不要帶走我妹妹！」

這時，妹子也開始嚎啕大哭，導致排演中斷，無法繼續下去！由

於妹子入戲太深，情緒一時收不回來，我們不斷安慰妹子：「這是假的，是大家在演戲而已，妹子不要怕！」花了許久的時間，妹子才平復，但也宣告那次的演練是不成功的。

＊＊＊

這幾年電話詐騙集團開始盛行，國修經常三令五申地要思源和妹子留意，後來甚至到了神經質的程度。只要妹子在國修面前接電話，他就會豎耳聆聽，如果發現妹子很快就把電話掛上，或是「喂喂～」兩聲就掛，他還會緊張地問說：「是詐騙集團吧？沒錯吧？一定是！下次妳要問他是不是詐騙集團？個人資料絕對不能給！」

有一次妹子接到一通陌生號碼的電話，也聽不清楚對方的聲音，只隱約聽到對方請妹子回撥過去。國修立刻要妹子千萬別回撥，結果那個人在五分鐘後又打來，而且還連續打了十一次！在第十一通鈴響結束後，國修說：「妳看，這個人一定是詐騙集團，所以才會打那麼多通來。」只見妹子無奈地說：「也有可能是我們的親朋好友啊！」

冬季戀歌之誰要嫁爸爸（李國修）

韓劇「冬季戀歌」在二〇〇二年橫掃全台灣，許多女性觀眾對於劇中的男主角裴勇俊，迷戀到幾近瘋狂程度，就連我家的王月和妹子也加入了追星的行列。

有一天我下班回家，一開門就看到王月和妹子站在門口迎接我，傻笑地對我說：「俊祥，你回來啦！」我嚇一跳！

王月又接著問：「你有沒有發現我們有什麼改變？」我一看，她們母女倆剪了一模一樣妹妹頭的髮型，「妳們換髮型啦？」

王月趕緊補充說：「這是有珍頭，和冬季戀歌裡的有珍一樣哦！」

在「冬季戀歌」劇中，俊祥、翔赫和有珍是大學同學，俊祥和有珍原本是一對情侶，一場車禍造成了俊祥意外身亡。十年後，當有珍和翔赫準備訂婚時，一個貌似俊祥的人出現了！原來俊祥沒有死，只是患了失憶症，見到俊祥後，有珍舊情復燃，一段錯綜複雜的三角戀情也就此展開……

其實我從來都沒看過這部戲，我之所以能把這個故事講得如此清楚，是因為家裡觸目可及都是「冬季戀歌」的ＤＶＤ、海報、書……以及杯墊等周邊商品，加上王月母女每天的劇情報馬仔，讓我不知道在演什麼都很難，而我對於這部戲只有一個感想：過馬路要小心，否則會失憶。

有天下班回家一開門，就發現母女兩人又站在門口迎接我，妹子看我的眼神特別溫柔，還說要幫我拿拖鞋。我覺得怪怪的，一問才知道，妹子下輩子要嫁給我，所以現在要開始演練。

原來這對母女看完戲後，開始討論「女兒是爸爸上輩子情人」的話題，王月說下輩子還是要當爸爸的情人，妹子說：「不行！妳已經是爸爸這輩子的情人了，下輩子換我了。」

兩人爭論不休的結論是：「下輩子妹子嫁給爸爸，王月做我們的女兒。」

愛情親情搬上舞台

女兒的暗戀在六義幫（王月）

我、國修和妹子在她國三那年的農曆春節一起到日本東京旅行，由於時間剛好遇上西洋情人節，我和妹子特別去找日劇「魔女的條件」出現過的摩天輪，也是台場的知名地標朝聖。

最令妹子開心的是，當摩天輪在高空停留時，妹子突然接到同學傳來的手機簡訊，得知新學期可以和暗戀的男同學土豆坐在鄰座（我和妹子私下將男同學取了「土豆」的小名），妹子欣喜若狂，成了她情人節最好的禮物。於是，我們母女倆開始一邊遊玩，一邊商議如何對土豆表白。

回台北後，妹子按照我們在東京擬好的告白大作戰計畫，在家演練以後，決定鼓起勇氣正式向土豆告白。

那天放學後，妹子把背誦好的表白台詞，一股作氣地對著土豆說完，也把自己每天寫的日記和卡片一併送上，裡面記錄著這段時間的暗戀心情。雖然土豆當下並沒有給她正面的回應，但妹子仍持續暗戀著土豆。直到學期過了一半，妹子才輾轉從別的同學那裡得知，其實土豆喜歡的是她最要好的朋友。

妹子知道後傷心不已，為什麼土豆喜歡的女孩竟是她最要好的朋友？她一點也不怪好朋友，只是很難接受土豆的選擇，要是其他的女孩都好，但偏偏是妹子最喜歡的朋友。得知真相後，妹子不斷地哭，不能停止地哭，覺得自己似乎呼吸不過來……她在學校裡勉強吃了幾口午餐後，不能遏止地跑到廁所吐，但仍吐不出胸口的壓抑，她必須

知道自己還有知覺，因此後來她還去撞牆，希望藉由身體上的疼痛，來取代心中的感覺。

妹子在內心吶喊著：「為什麼我第一次懂得愛，卻讓我失去得那麼快！」當天晚上，她哭著向我吐露是如何度過這傷心的一天，我沒有多說什麼，因為我知道現在的孩子，不同於自己那個成長的年代。我也知道妹子逐漸長大了，我反而更珍惜她對於這份情感的純真感受。

經過好幾個月的調適，妹子慢慢將暗戀的情愫，轉換成更長久存在的同學情誼。這一路陪伴她走來，我看著她勇敢地接受一切，不怨懟任何人，我覺得她的表現棒極了！

＊＊＊

半年後，國修正著手寫「六義幫」的劇本，我和他說了關於妹子這次暗戀的過程。經過妹子的同意，國修將她的故事寫進「六義幫」，成了女主角小辣椒故事的一部分。基於戲劇情節的需求，這小小的戀情在劇本的發展，後來演變成兩幫人馬的大械鬥，造成無法彌補的傷害。

戲中，土豆演化成男主角小鄧，在械鬥中不慎誤殺了自己最要好的朋友，在經過二十年的逃亡生活後，再度與小辣椒重逢，想要還給她當年向他表白寫的日記和卡片，小辣椒看著早已陌生的小鄧，婉拒了他。

國修想要藉由這部戲讓妹子知道，那些不屬於她的人事物就像生命中的過客一般，再痛的感覺，也都會因時間和想法的改變，轉化成另一種意義存在。

妹子看著「六義幫」從劇本撰寫、排練到正式演出，這段時間她的想法也逐漸成熟，她甚至和飾演小辣椒的黃嘉千侃侃而談當時的感受，讓黃嘉千能更入戲。在分享的同時，妹子也慢慢釋懷，似乎也因

這層關係，黃嘉千在此次演出有了令人驚豔的表現，贏得全場觀眾最熱烈的掌聲。於是，「六義幫」除了時代與社會的意義外，更蘊涵屬於我們一家人的愛，一份父母對女兒深深的關愛。

一年後，我載著剛升高一的妹子和同學回家，聽到她們在後座的談話，妹子安慰這位剛失戀的女同學，還提及「六義幫」對她的幫助，以及爸爸如何以一齣戲告訴她「不屬於妳的人或事都會過去，而屬於妳的必定會美好降臨」。妹子並且稱讚同學的文筆很好，鼓勵她可以將這段痛苦的經歷寫成小說，用創作來療傷，在寫作的過程中，痛苦也會慢慢淡化。聽完她們的對話，我內心感動於女兒的成長。

後來妹子也有了別的交友對象，我記得有一次她和一個男性朋友有誤會，一個人在房間裡哭得很慘。我打去給那個男生當和事佬，結果自己也邊講邊哭，最後讓他們在我家樓下和解，小倆口果然一見面就和好如初。

我發現現在的孩子非常早熟，情竇初開的懵懂需要大人適時的協助，父母可以扮演朋友的角色，讓他們能自然地表現出內心的感覺，而不是以否定的高度去壓抑他們真實的情感。我非常珍惜妹子願意和我分享她的感情世界，也願意和她一起去面對。看到她一點一滴地轉變，其實我很欣慰。

我用六義幫安慰女兒（李國修）

「六義幫」描述一段四角戀情：饅頭的妹妹小辣椒（黃嘉千飾）喜歡小鄧（王仁甫飾），小鄧喜歡饅頭的女友么妹（夏于喬飾），而么妹和小辣椒是最好的朋友，小鄧也因「六義幫」結拜誓詞內的「女色分清」，而不敢表明對么妹的愛。

有一天，小辣椒鼓足勇氣在小鄧十八歲生日的那天表白她的愛意，並給小鄧一年來為他寫的日記和卡片。但是小鄧卻告訴小辣椒，

他愛的其實是么妹，這對小辣椒有如青天霹靂！之後，她與么妹不再是最好的朋友，同時為了出氣還讓自己「五姊妹幫」的成員，去找「牛埔幫」捅了小鄧一刀，於是才造成「六義幫」與「牛埔幫」這場不可挽回的鬥毆。

這四角戀情的原始取材，真正來自妹子十五歲的一段暗戀。話說有一天晚上，我打開臥室房門，看到王月和妹子兩人哭成一團，我擔心地詢問原因，但母女倆隻字不提發生了什麼事，我只好默默離開。後來才知道王月不願讓妹子再難過一次，所以選擇對我保留這個秘密。

半年後，我開始撰寫「六義幫」的劇本，王月和我說了很多妹子之前發生的事，從暗戀、告白到知道男生喜歡她好友的心碎過程，我當場不知道該怎麼辦。想了想，回到書桌前，我決定把「六義幫」的結局，寫成我和妹子的對話。

場景是小鄧逃亡了二十年以後，再次和小辣椒重逢，他拿出小辣椒當年寫給他的卡片和日記對她說：「當年妳給我的卡片以及為我寫的日記，我一直都留著，這兩樣東西陪著我二十年，謝謝。」小辣椒看著已不太認得的小鄧說：「你留著吧！這些東西已經跟我沒有任何關係了。」

最後這段話，是我想對妹子說的，但我沒有親口對她說，而是透過戲劇的方式告訴她：「妳要讓這件事過去，因為未來的路還很長，還有好多事等著妳，將來回過頭看，那些曾經傷心難過的事，可能都不重要了；或者，妳早就忘記了。」二十年只是一個戲劇性的比喻，我相信妹子能夠理解我想表達的內在，她知道生活就是這樣不停地變化，有開心也有難過的事，唯有父母的關心和愛是永遠不變的。

第三章
全職媽媽之路

我的母親

（王月）

我的母親出生五十天就過繼給在花蓮開「新東和商鋪」的外公，從小就在家裡幫忙糕餡店及大批發的生意，左鄰右舍都知道外公有一位聰慧可人的女兒。

母親年輕時是位九頭身美女，舞也跳得很好，經常成為眾人注目的焦點。當時追求她的人很多，但她覺得自己不愛唸書，嫁個會唸書的男人對下一代比較好，因此選中了出身書香門第，當時在稅捐處工作的父親。

婚後，母親和學法律的父親來到台北開了一間土地代書事務所。

由於大部分委託的案件幾乎都是在母親出面之下才順利完成，因此，許多客戶上門時都指名找我母親。在母親的打理之下，事務所逐漸打響了名號，業務蒸蒸日上。

也因為代書工作容易得知法拍資訊，母親看準了機會投資房地產，善於理財的她很快就讓家裡擁有一棟大房子。我笑稱她是台灣第一代炒地皮的投資客。

當家中經濟漸漸變得寬裕之後，我父親也開始積極拓展他對文學、音樂、藝術的興趣。他買了整套八厘米的攝放映機，在家裡放映米老鼠、白雪公主等迪士尼卡通影片，或是全家人出遊的影片，這些畫面成為我生命中難忘的回憶。

只是，父親鏡頭下的場景，逐漸被各式各樣年輕貌美的女子所取代，外遇不斷的父親最後還是離開了家。當時母親才四十歲，她一肩擔起養家的擔子，結束了事務所，積極地投入股市，成了證券交易所

的「菜籃族」，她在股市攢到的錢，不僅養活了我們姊妹三人，也還清了父親離開善於理財的母親，後來在外面積欠下的債務。

印象中，母親從來不曾因為父親的事情，在我們面前掉過一滴眼淚！她盡心盡力地把三個孩子拉拔長大，努力扮演嚴父慈母的雙重角色，不怨懟、不說苦。

美麗的母親身邊仍然不乏追求者，有位已定居日本的醫生曾不斷寫信來追求，但母親把那些信件原封不動扔進了垃圾桶。一直到我長大了，才敢問母親：「當時為什麼不接受其他人的追求？媽媽妳大可以改嫁！」母親只是淡淡地回答：「我怕妳們三姊妹以後不好嫁啊！」

母親的回答透露出她對女兒滿滿的愛，我想這正是我們三姊妹能健全長大的最大原因。母親對於家庭的強大責任感和毅力，是我永遠無法超越的榜樣，但我以此期許自己也能給孩子一樣的愛，甚至更多、更好、更圓滿。

我的父親（王月）

我永遠的父親：

一九八二年十月二十二日最後一次見到您，在榮總的太平間，罹患「巴金森症」而蜷曲乾涸的身軀，他們說暫時還塞不進冰櫃。告別式那天，家祭和公祭結束，到殯儀館的火葬場時，他們說女兒要大聲地喊出父親的名字，別讓您的靈魂留在火葬場的門內。這是這麼多年以來，突然消失在我成長的家庭中，像是已經人間蒸發掉的您，第一次那麼真實地存在在我面前。

波特萊爾曾說：「他們在人權宣言中忘了兩項權利——人類有自

我矛盾和離去的權利。」我相信唸法律、飽讀詩書的您，一定也是在爭取這兩項權利，否則不會率性離開當時才七歲的我，以及兩個聰明可愛的姊姊和賢慧能幹的母親，選擇到另一個家庭去生活。當您在享受這些權利時，我只能聽著您留下的鄧麗君圓盤唱片，爬上比我高出兩倍以上的滿牆書櫃，找出有您眉批的書籍，無論中文或英文，您的字體總如此秀跋，我一直努力地搜尋著您消失後的任何一絲氣味……

說來好笑，您還記得嗎？您以前在家時，我總靠著您，一起坐在沙發裡。我特別喜歡拿起您的手，聞您指間的味道，一種只屬於您才有的味道。隔了十幾年後，我和國修談戀愛，第一次在戲院看電影，我不自覺地也拿起他的手來聞，竟不偏不倚回到那份味道的記憶，憑著這個味道，我更瘋狂地愛上國修。後來我才知道那是抽過香菸所殘留的淡淡菸草味。

您離家後，我才開始長大。但是我的長大，並沒有讓我們有彼此了解的機會。如果可以，只要我們再去一次您愛去的國賓飯店西餐廳，我絕對不會吃完麵包就吵著要走，我一定會循著您老落在玻璃窗外遠處的視線，殷殷問出您心底的秘密。

如果一個人蒸發之後，會有凝結的一天，對我而言，正是那天凌晨四點，位於士林一家未立案的「老人安養院」打來的電話，一通告知我父親死訊的電話。

一個人不可能毫髮無傷地長大，對我來說，您的缺席是我成長中的缺口，但我盡量不讓它成為怨忿的潰傷。我灌溉它充足的陽光和水分，它已逐漸成為我內心一塊溫暖的部分。這份遺憾，成了我生命的重量。我想讓您知道，我對您的記憶與思念，也將永不止息地在我身體內無限蔓延。

這是我最想寄而無法寄出的信，一封給父親的信。

我在二〇一一年參與了「美樂加油」這部偶像劇演出，我在劇中飾演一個被兒子（賀軍翔飾）的高中女友（琳恩飾）奪走丈夫的母親。事過多年後，因丈夫身染重病即將死亡，外遇女友來請求我的原諒，希望我讓孩子去見他們父親的最後一面。但是，我終究無法原諒當年的事件，女友的出現挑起我以為平息的怨恨，我在那場戲用盡所有氣力，把這幾年的委屈和痛苦對女友全部發洩出來，我的憤怒與淚水不止……

那場戲讓我聯想到我自己的母親。最後劇情安排一場和解，劇中的我還是決定讓孩子到醫院去看父親最後一面。我在這場戲的「情緒檔案」正是以我母親的身分和故事去準備，現實中我的母親，在父親臨終前，一直沒有原諒他。因此我想要完成這件事，藉由這場戲化解我心中的遺憾，彷彿我的母親已經原諒了我的父親，我因那場戲讓我的家庭最後也有一個大和解的結局。

＊＊＊

其實我不埋怨我的父親，我也接受我的父母是因相愛而結合，因了解才分離。單親家庭對我的成長過程，當然有很多無法言喻的遺憾，我還記得在我國中三年級時，有一次到同學家寫功課，看到同學的父母手牽手外出去看電影，當下覺得好羨慕，可是又不敢和同學說，只是愈想愈難過，一邊寫作業，一邊偷掉眼淚，那是一種充滿無奈的遺憾。每一個人的原生家庭都是注定的，我無法選擇或改變，可是我期許有一天，當我有能力去創造自己的家庭時，一定要全心奉獻，傾心盡力打造一個健全的家。

基於這樣的背景和期待，我在二十四歲那一年就決定和國修結婚。選擇國修最大的原因除了他在藝術方面的才華，更重要的是他的責任感。國修是一個始終如一的人，不管對戲劇的堅持，還是為人的正直，他都表裡一致。他從來都不是浪漫的人，處處展現他務實的一

面，在我考上駕照那一年，他買了一部小車送我，我正想開心地大叫時，他卻說：「這禮物是要攤十年的，這十年內，妳的生日還有我們的結婚紀念日、情人節、母親節、凡一切節日都算在裡面。」我聽得啼笑皆非。

在今年結婚二十二週年紀念日那天，國修在微博上寫著：「戲劇是我的生命，王月是我的全部，我全部的生命，除了戲劇之外，就只剩下王月了。」我看了淚如雨下。回想結婚二十二年來，他從未將外面的工作壓力或受到的怨氣帶回家。一回到家，不是逗我開心，就是問我吃什麼，馬上下廚烹煮一番。他常說：「夫妻是三世姻緣，前兩世錯過了，今世一定要好好珍惜。」而我更覺得中國人用「恩愛」來形容夫妻關係，說得真好，我和國修正是因愛有了恩，有恩回報更多的愛，於是我們身置其中，並用心累積。

我的幸福願望也延伸到我和孩子同學的關係，我對待他們都親如子女一樣，因為我一直記得小時候，同學一家人和樂融融的畫面，對我產生正面的影響，所以我現在對待每個孩子，都希望能讓他有一顆健康的心。我記得妹子有一個單親家庭的同學，有一陣子常到我們家來吃飯，她常常對妹子說：「我好羨慕妳哦！有這麼好的爸媽、這麼好的家！」

我聽到了之後，私下和她說：「不用去羨慕別人，以後妳的幸福，可以自己去創造哦！」

她乖巧地和我承諾，以後也要有一個屬於自己的幸福家庭。

女主角變身家庭主婦（王月）

當年我以榜首成績考進國立藝術學院（現台北藝術大學）第二屆戲劇系，主修表演畢業。我和國修因為表演工作而相識相戀，之後攜手共組家庭，並共同創立了屏風表演班。我們對戲劇熱愛的程度不相上下，國修在我心中永遠是第一流的編導演專家，而我除了參與編導和製作，也希望成為國修心中的最佳女主角，並一直以這個目標努力。

一九九三年年底，我參與「徵婚啟事」美國紐約場的演出，隨後又在台南特別加演兩場。結束台南場演出的那天晚上，我和國修回到旅館休息，在狹窄的房間內，國修拉著我坐在茶几旁的小沙發椅，低著頭，一臉凝重的表情。

「台南場演出一結束，妳就回家全心帶小孩。」國修語氣平緩地對我說。此時，思源快三歲了，妹子過幾天就滿週歲，孩子成長的速度很快，他認為孩子在這階段的成長非常重要，老是把孩子放在保姆家也不是辦法。他要我放下手上的工作，專心回歸家庭生活。

由於事出突然，我完全沒有心理準備，聽到國修這一番交代，當時我的腦中一片空白……國修又繼續分析了一堆原因，試圖說服我接受這個顧慮周全的考量，可是我半句都沒聽進去。

於是，我在一週內，離開屏風全職的工作，回到了單純的家庭生活。劇團龐大的行政作業幾乎沒有交接，或許是因為我根本不想交接，我希望他們會找不到檔案文件而來詢問我，可是我始終等不到，屏風沒有打過一通電話來問我事情。我在等待的焦慮期間，正式進入

成為全職家庭主婦。

我開始陪思源到住家附近的公園騎三輪車，提醒他不要撞到在嬰兒車內熟睡的妹子。坐在我旁邊的歐巴桑，常常要和我討論菜價的問題，她激動地說：「又不是遇到颱風天，空心菜怎麼會一把四十元，笑死人了！人不吃菜也不會死。」歐巴桑還指著菜市場大路邊的那家攤子，叫我千萬不要去那裡買，要買就買巷子裡的那家。

住在同一棟樓的陳先生，找我擔任住戶管理委員會的委員，他說：「反正妳的時間很多。」

的確，我的時間很多。但腦子仍忙個不停，每天帶著小孩時，常常看著手錶，想著屏風的事情——再過兩天就要開記者會了，新聞稿應該出來了吧？這次的宣傳照有沒有比上次好一點？有位記者朋友上次和我說，希望有知名度的明星可以站在比較明顯的位置拍照；現在晚上七點半了，演員都到齊了嗎？快十一點了，國修怎麼還沒回到家？我找出排戲時間表，發現排完戲還要開技術會議，這次無論燈光和音效的Cue點一定又超過百個……

寂靜的夜晚也一樣，往往到了凌晨一點鐘，身邊傳來兩個孩子的鼾聲，我在床上已躺了兩個小時，靜靜地流著眼淚。

我熱愛戲劇，我熱愛屏風的工作，但為什麼現在都離我這麼遠？……我知道這是過渡期的掙扎，我也同意自己應該要做個好母親，留在家裡好好帶小孩，我試著去調整自己的心態，可是淚水為什麼還是止不住地流呢？

二十八歲的我，開始真正面對「王月」這個人，我必須重新安排生活。白天，我陪小孩上YAMAHA音樂班，也幫自己報名了「媽媽鋼琴班」，還請家教到家裡來教我英文。最後，我拿起了筆，開始和遠在德國的好友陳玉慧通信，她鼓勵我別放棄真實，靜下來和自己相處，上百封的書信往來，幫助我用文字搭建屬於自己的出口。

接下來，我和我美麗的英文老師Max合作出版了《月亮上的女人》和《月的出走》。她原本在倫敦一家廣告公司上班，六年前來到台灣，我在述說書的內容時，看到她的眼眶紅了，我想我們是彼此了解的。我的文字搭配她的圖畫，編織出一幅又一幅動人的作品。

我大約花了半年的時間去轉換身分，努力扮演好全職媽媽的角色。現在我很感謝國修當時的決定，讓我和孩子有很親密的關係，我們互相依賴與信任，並且一起成長。

等到兩個孩子比較大的時候，我進入了演藝圈。在柴智屏的邀約下，我接了「流星花園」的杉菜媽角色，之後也開始電台、電視節目的主持、戲劇和商品代言廣告。但是細心的觀眾可能會發現，我在螢光幕上經常出現又會突然消失，那是因為我清楚自己的真實身分：我是李國修的妻子，是兩個孩子的母親，只要屏風有困難或是孩子需要我，我總是第一時間回到他們身邊。我告訴自己：「台灣演藝圈少了王月不會怎樣，但是台灣不能沒有屏風！」我認為任何一個女人，不管在工作上有多棒的成就，她還是希望有個幸福的歸宿，而我已經擁有了幸福的家庭，因此名和利對我來說都是多出來的。

每晚的床前故事（王月）

思源和妹子從小就和我一起睡，尤其是妹子，一直到現在都是我最甜蜜的室友。在他們一、兩歲的時候，我就開始在睡前唸各種故事書哄他們睡覺，雖然童話故事都是千篇一律的過程或結局，但是他們非常享受聽故事的過程，一樣的故事百聽不膩，幾乎每晚都纏著我，要我說幾個故事再睡覺。等到他們倆上了國小，明白童話故事的真實性很低，開始要我講「媽媽小時候的故事」，於是我分享了很多求學時期的小事件，兩個小孩會因為我做過的糗事而大笑，也會因為我的傷懷而掉淚。

「那讓媽媽來把它寫成一本書，這樣以後都不會忘記，好不好？」我的詢問馬上獲得兩個孩子的熱烈支持，同時也開始一家子的寫故事時間，他們忙著記錄比他們更小時候的故事，而我也著手整理起自己塵封已久的記憶，試圖喚起那些青春過往，最後集結成《月光光》這本書，在二〇〇一年出版。

等到他們再長大一點，進入了國中少年時期，思源選擇回到他的房間，而妹子還是繼續睡在我的身邊，這時候的床前故事已經變成我們母女的私密心事交換時間，我們什麼都說，什麼都不避諱，像是好朋友一樣自在地分享。後來妹子到新竹唸高中，平常住在學校宿舍，只在週末才會回家，我們就透過手機簡訊互相關心。等到她回家，我們都很珍惜終於盼到的相處時間，也習慣把這一週發生的喜怒哀樂都和對方分享。我常說她是上天給我的小天使，豐富又溫暖了我的生活。

＊＊＊

而思源雖然在青春期經歷了一段「獨立期」，總是把自己關在房裡思考，但我還是持續用自己的方式和他對話。雖然當時效果不彰，但我只想讓他知道母親的愛隨侍在側，尤其是在他國二出國唸書後，我們開始通電話，分享彼此的生活。讓我意想不到的是，思源在國外反而和我的關係變得很親近，我們的共通話題都圍繞在電影或戲劇，我們有討論不完的電影心得，他也和我大量分享了自己在創作路上的喜悅。

「媽，妳有沒有看過『艾蜜莉的異想世界』？」

「媽，妳不要小看『奪魂鋸』，它是有意義的……」

「媽，妳知道嗎？當我看到我的作品剪輯完成後，最後的字幕打上剪接Sven Lee（他的英文名字），編劇Sven Lee，導演Sven Lee，我有多開心！」

「媽，當我和一起工作的演員們，一起吃著殺青的披薩時，我好感動！」

「媽，可是我有一、兩個鏡頭沒拍好，只要再給我多一天的時間，我一定會把這個影片拍得更好！」

思源常在電話中和我分享事情，我珍惜他的每一個分享，也認真傾聽他表達的一字一句。我為他的努力感到驕傲，也為他的喜悅感到快樂，那一刻我才發現，其實思源一直在我身邊，和當年賴在我身邊討故事的孩子一樣，只是這次該由他來扮演說故事的角色，而我成為思源忠實的聽眾。

我認為常態性地為孩子說故事是建立親子互動的好方法，一開始可能只是單向的故事表達，但趁著這段時間和孩子培養溝通或對話的默契，讓孩子習慣分享的氛圍，隨著孩子長大，開始有屬於自己的故事，也會樂於和父母分享。想要親子間零距離的溝通管道，父母得先

跨出第一步，學習成為說故事的高手，重要的不是故事本身的精采程度，而是雙方培養出的願意分享和願意聆聽的習慣，而既然是習慣，當然愈早開始愈好。

是獨立還是叛逆

勇敢面對孩子的青春期（王月）

思源在青少年時曾堅持只穿黑色的衣服，於是我幫他買了各式各樣的黑色衣服。我會在當下盡量去滿足他的要求，是因為那只是他想要酷的一個行為，如果這個行為無傷大雅，又能和他維持良好的親子關係，何樂而不為呢？

我還記得思源在國一時，非常想要換一支新款的手機，我拗不過他的請求，帶他到通訊行挑手機，讓他在玻璃櫃下任選一支等級比較高的手機。

他拿到手機以後非常高興，在通訊行的門口小聲對我說：「好，妳現在可以抱我一下。」我一聽開心極了，一個進入青春期的大男生竟然讓我抱他，我就在大馬路上先稍稍抱了他一下。怕路上他同學看到會造成他的尷尬，於是我說：「回家還要抱一次。」

回到家以後，我馬上把他抱緊緊地，抱了好久才放開。我再大聲吆喝大家一起來抱他，那一天剛好思源的小阿姨和表妹來家裡玩，全都聚集在他房間輪流抱他，而他也害羞地一一回應每個愛的抱抱。

思源在國中時期交了一些我稱之為「牛鬼蛇神」的朋友，每個都有非常特殊的造型，印象中有兩個最誇張，不是金髮抽菸男，就是頭髮遮住半張臉的神秘男。這兩個朋友有一次來我們家找思源，我看到他們緊張了一下，擔心思源有一天也會變成這樣。

思源看出我的不安，他說：「媽，妳知道嗎？我的那個朋友，他的爺爺是個很優秀的廚師，所以他的夢想是有一天能成為像他爺爺一樣成功的廚師。」我知道思源是想讓我相信他所選擇的朋友，所幸他們都是善良的孩子。

＊＊＊

思源有段時期被我稱為「獨立期」（我不願稱之「叛逆期」），每天回到家就直接進房間不再出來，把自己關在房裡上網打電動，時常玩到三更半夜還不睡覺，隔天又賴床發脾氣。那段時間我的情緒受到他的影響，每天都繃緊神經提醒他「早點睡」、「不要沉迷電動」以及「要做功課」，但是他完全不理我，一樣照著自己的喜好過生活。

當時我的好朋友陳玉慧勸我：「妳對朋友都那麼熱情與寬容，何不把這份寬容放在自己孩子身上呢？」於是我決定放寬心，不再約束思源的生活，把自己當成是HOME-STAY的HOME媽，當思源回到家以後，我只問：「今天還好嗎？」「吃過飯了嗎？」等他回房以

後，不再追著他叨唸。

我發現讓自己的管教鬆懈以後，親子關係也沒那麼緊張。思源後來主動找我商量出國唸書的事，讓我終於明白，原來他只是躲起來思考自己的人生問題。

我現在回過頭來看思源的獨立期，會發現很多事都在同一個時期發生，而且都是可以串連起來的。例如他在國一時突然問國修說：「爸，你是怎麼找到自己的？」之後就把自己關起來想答案，獨自封閉了很長一段時間思考，不接受我的協助或建議。熬過這段時間後，國二的他就決定出國，一個人在國外生活，吃了苦也慢慢懂事，一直到現在，他已經是個成熟的大男生。我想每對父母都可能經歷這個階段，完全放手讓孩子去試當然不可能，但是適度的寬容，讓父母和孩子都能鬆一口氣，也能累積往下個階段前進的動力。

我常用自己的方式去和思源溝通，有時像慈母一樣包容和寵愛他，但有時也扮演嚴母的角色，嚴詞厲色地糾正他各種不當的行為。而他當然有選擇聽或不聽的權利，於是我們之間有爭執也有冷戰，但是最後他都會選擇和我面對面地溝通。

我覺得是因為有愛在支撐這段期間，縱使他無法接受我的意見，但清楚我對他付出的愛，所以他願意和我一起解決這道沒有共識的難題，我相信是愛讓他明白這一點。

青春期的我（李思源）

我覺得青春期的孩子是無知的，是無法正常分析事情的，他們認為自己的世界是如此，就是如此。他們在青春期的叛逆行為，多數會用負面的行為來挑戰自己的極限，例如抽菸、蹺課或是混夜店，他們只是想要找到自己的定位，證明自己的存在。

我建議這時候，父母可以「以身為例」，設法編出一個故事，讓

孩子知道自己是錯的。因為這時候的孩子無法接受任何來自父母的言教，但會留意父母的身教。例如當孩子學壞變成小流氓時，不管父母怎麼口頭勸他回頭都沒用，但如果他親眼看到父母因為小流氓而受傷，這時候他才會開始反省自己的行為，發現自己誤入歧途。

「We need to talk！」在白人的世界裡，常用這句話做為溝通的開頭，這意思是說我們之間應該要談一談。我認為這句話非常重要，不管是發生在親情還是友情，或者任何場合，一定要試著去和對方溝通，這是我在國外生活六年學到的重要生活法則。

我認為父母想和孩子溝通時，應該要站在一個「我渴望了解你」的位置，而不是「我年輕時也是這樣過來的」的立場。這兩種截然不同的態度，孩子馬上就能判斷出「父母是真的想要了解我還是想要糾正我」，聰明的孩子馬上就會做出最直接的回應，這回應可能讓父母發火，也可能讓父母放鬆，所以父母在和孩子溝通前，一定要先調整自己的態度。

＊＊＊

我承認自己在叛逆期的時候，比較喜歡爸爸多一點，因為那時候媽媽總是扮演一個「導正」或「規勸」我的角色，但那個時候的我認為自己根本不需要。而站在中立位置的爸爸，不會管我也不會唸我，於是我變得喜歡接近爸爸，也比較願意和爸爸講話。

我是個很重感情的人，不管是親情還是友情，對我來說都同樣重要。尤其是友情，我認為自己不是盲目地重視，而是小心經營才有的結果。

在我國小四年級的時候看到白曉燕被綁架撕票的新聞，當時我的爸媽已經是名人，這則新聞給我很大的警告和影響，提醒我要留意身邊的人事物。所以我從那個事件開始就一直抱著「防人之心」在和朋友交往，這樣的心態讓我很難結交到真心的好友，大都只是泛泛之

交；因此經常往來，而且能帶回家的朋友，其實都是經過我「仔細鑑定」過的朋友。

我也承認青少年的確容易結交一些不單純的朋友，但真的都得要自己吃虧才知道做錯了。否則父母愈是反對，他們愈是要主張自己的選擇，到最後只是導致反效果。

給兒女的信（王月）

主啊！求祢塑造我的兒子，使他夠堅強到能認識自己的軟弱；夠勇敢到能面對懼怕；在誠實的失敗中，毫不氣餒；在勝利中，仍保持謙遜溫和。不致空有幻想而缺乏行動；同時又知道，認識自己乃是真知識的基石。願祢引導他不求安逸、舒適，相反的，經過壓力、艱難和挑戰，學習在風暴中挺身站立，學會憐恤那些在重壓之下失敗的人。求祢塑造我的兒子，心地清潔，目標遠大；使他在指揮別人之前，先懂得駕馭自己；永不忘記過去的教訓，又能伸展未來的理想。

當他擁有以上的一切，我還要禱求，賜他足夠的幽默感，使他能

認真嚴肅，卻不致過分苛求自己。懇求賜他謙卑，使他永遠牢記，真偉大中的平凡、真智慧中的開明、真勇力中的溫柔。如此，我這做父親的，才敢低聲說：「我沒有虛度此生。」

這是麥克阿瑟將軍為了他兒子對上天寫下的祈禱文，字字句句充滿著對下一代深深的期許，同時也透露對自我的要求和檢視。若能有此文中勇敢、堅強、智慧的人格特質，即便不是一名優秀的領袖人才，也足以成為一位不枉天地的萬物之靈。

二〇〇九年美國總統歐巴馬在上任之前，寫了封公開信給摯愛的兩位未成年女兒，解釋他為何走上白宮大冒險之路，對女兒訴說著：

我在妳們生命中看到的快樂，就是我自己生命最大的快樂。如果我不能確保妳們此生能夠擁有追求幸福和自我實現的一切機會，我自己的生命也沒多大價值。我競選總統的原因：我要讓妳們倆和這個國家的每一個孩子，都能擁有我想要給他們的東西……在一個夢想不受限制、無事不能成就的世界中長大，長成具慈悲心、堅持理想，能幫忙打造這樣一個世界的女性。這就是我帶領我們一家展開這趟大冒險的原因。我沒有一天不為妳們的忍耐、沉穩、明理和幽默而心存感激。

信中並提及到，想要給所有兒童都在能夠發掘他們潛能的學校就讀；父母有好的工作、大家跨越人際界線，並確保不得不的戰爭，一定是師出有名；同時了解一個國家的偉大，不是因為它完美，而是因為我們可以不斷讓它變得更好。

* * *

以上這兩封信，都讓我深深感動，因為都有著我也想讓自己下一

代深深明白的道理。且不禁自問，如果我也要寫一封信給我兒女，我將告訴他們什麼？於是我寫下——

親愛我的兒、我的女：

最近在家的時候，我開始把小時候拍攝你們的V8、DV錄影帶轉拷成光碟，雖然我還搞不清楚藍光DVD有什麼不同，我只知道再不拷貝下來，錄影帶會發霉，而我怕失去你們最珍貴成長的影像。

影片中哥哥是一個常會對我說：「媽，我好喜歡妳！」更是把爸爸當超級偶像，因為再難的玩具，爸爸都可以組合起來。

妹妹一出生就是乖巧的可人兒，滿月後就可以喝完奶一覺到天亮。四歲時妳的心願，是將來可以嫁給爸爸。九歲時貼心的妳為了給我過生日，自前一個星期就每天給我一樣小禮物，有按摩券、抱抱券、親臉臉券……你們給我的愛，是我一直以來賴以維生的依靠。

影帶中的你們，可以一再被我迴帶播放，但現實中再也喚不回你們那幼嫩的身軀，以及認為家是你們全部世界的生活。而今的你們，正一步步走出給你們安全感的家，走進了學校，也將準備走進社會。

身為媽媽的我，對你們的愛從不保留地付出，也因為無條件愛子女的心，不斷地提醒我也以此心更愛自己的母親。而你們青春期的成長，教會我不能只用我的一套標準，去制定你們生活的模式，你們讓我知道掌控絕對不是最好的教導。我們總因為對彼此的了解，更多了信任與放心。

我想告訴你們就是這些我們共有的故事。我和爸爸務實努力在這片土地上生活著，我們感謝著，對人對事因為不斷地付出，總是因而得到無價的回饋。也因從事戲劇演出，經歷了舞台上的大悲大喜，更讓我們喜愛生活的單純清淡，我和爸爸領悟出「使生活平凡，讓藝術使生命不平凡」的人生。

看著家中一卷卷關於你們的影帶，但錄下的畫面都不及我腦海對你們所有的記憶。我和爸爸將來並不會給你們錢財，我們只希望你們帶著這些愛，去超越一切困境，成為一個懂得愛與被愛的人。

最後，還希望你們明白：如果世上有永遠，那就是我和爸爸對你們永不改變、永不竭止的愛……

第四章
尋找自己

半截短刀之養不教父之過

（李國修）

一九六七年，正當我國中一年級時，張徹導演、王羽演出的「獨臂刀」紅遍全台灣。戲院裡經常人山人海，我和常在電影院「拱電影」（拱電影就是跟著人潮，拉著大人的衣角混入電影院，童年我用這個方式在西門町看了不少免費電影）的搭檔阿標一起擠進了電影院。

這部電影喚起了我的熱血魂！當天下午，趁父親外出時，我拿一塊他做戲靴剩下的木頭，用他做鞋的工具把木頭削成尖狀，再弄了個把手，拿砂紙去掉木刺，削削磨磨之後，一把白晃晃的木頭半截短刀就成形了。

我得意地拿著短刀去找住在隔壁的阿標，在他家門口直嚷著：「阿標，你看，我有真正的獨臂刀！」阿標出來後，我衝著他猛力地揮，口裡還發出刀劍的噹噹聲。他也立刻拿出他父親賣的空心塑膠兒童玩具「青龍偃月劍」，我們當場比出獨臂刀招數，玩得不亦樂乎。

只見刀劍交會處，乒乓有聲，突然「喀」的一聲，阿標的青龍偃月劍被我的半截短刀瞬間劈作兩半！他立刻翻臉，把斷去一半的劍往我臉上一扔，正好擊中了我的臉。

我正要反擊時，他叫道：「你有半截短刀，我沒有！」這句話把我驚醒了，根據江湖道義，我立刻把木刀丟在一旁，攤開雙手，決定徒手和他比畫。

我先來個飛踢把他踢倒，但因為自己的身材瘦小，一個重心不穩，也跟著倒地。阿標的爸媽聽到哀號聲，跑出來查看，看到他倒在

地上，連忙扶起。

我心想：「沒用的傢伙，又搬救兵！」

突然，我聽到耳熟的大罵聲傳來，一回頭，看到了父親。還想說父親來得正是時候，剛好幫我出頭，沒想到他卻提起我的肩膀，往我的屁股猛打了幾下，我連阿標攻擊我的事實都來不及解釋，就被父親拎著耳朵回家挨揍。

父親當時打我的神情，許多年後我依然記憶猶新：只見他怒眼圓睜，雙手放在褲頭，左拉右扯要抽出皮帶，終於「噹」一聲，皮帶釦竟然鬆脫了！站在三步以外罰站的我，臉色頓時大變，轉身就要逃……說時遲那時快，皮帶咻咻咻地從他的褲頭出鞘了，眼看就要朝我身上打來，我連忙跳開，可惜終究還是逃不過皮帶的長鞭，「啪嘰！」屁股挨了一下，接著一連串「啪嘰！啪嘰！」聲，熱辣的感覺由臀部直衝腦門，我幾乎都快要昏倒了，幸好母親及時趕到，直喊著

「好了好了」，幫我求情。

我躲到母親身後，看到父親繼續激動地喊著：「不學好跟人打架？什麼都用暴力解決，長大還得了？」

將我痛打一頓之後，父親要我過去背三字經。我遲疑了一會，想說那不是小孩子的玩意嗎？我現在可是國中一年級的武俠少年了！

只聽到父親咆哮一聲：「背！」

我立刻大聲喊出：「人之初，性本善。性相近，習相遠。養不教，父之過……」但是，唸沒幾句，父親就打斷了我的背誦，說了一句：「最後這六個字，你好好想想，我今天為什麼打你？」

說完，他拾起地上的木屑，不再理我。

＊＊＊

長久以來，我跟父親的互動就是這樣。只要我一旦犯了什麼錯，不管是偷錢、說謊、和同學打架或是沒規矩，那就是錯，沒得辯解，

也別指望父親會在緊要關頭替我說一句好話。

多年前發生一件小事，讓我想起父親的管教方式，而在現今這個時代似乎已經不存在了。

有一位親戚的孩子幾年前開車時在街角擦撞了一位突然從路邊竄出的婦人，這孩子很生氣，立刻衝下車與婦人理論。婦人也不甘示弱，兩人爭執了半天，這孩子忍不住動手打了婦人，婦人一氣之下，告上了法院。

沒想到，這婦人的先生是位退休警官，在警界有一定地位，孩子被控傷害，眼看就要背負法律刑責，於是孩子的父親立刻出面向婦人道歉，請求她撤銷傷害告訴。婦人看在他年邁的父親面子上，才勉強答應私下和解。

這位老父替兒子扛下了，只因為那是他兒子。問題是，一個父親能替孩子扛多久？尤其是當孩子犯錯的時候。

* * *

一九八九年七月我和王月結婚，買了生平第一間房子，因為畢竟是新房，除了必備的家具擺飾外，我們也不免俗地在電視機、冷氣機、櫥櫃、門窗等各處貼著一個紅紅的「囍」，並在米缸上貼一個「滿」。看著囍字，喜的是這個家充滿了祝福；看著滿字，滿的是因為成了家，我必須扛起更多責任，心生感慨。

父親去世後，我也成為了一個父親。我深深意識到，想扛起家庭，就必須扛起自己、對自己負責任，不能期待或依賴任何人伸出援手，因為我已經是一家之主。

我突然明白了為什麼小時候做錯事，期待父親能出面替我解圍時，他總是讓我失望地先教訓我一頓。他當時的用意是：「一人做事一人擔，父母不會永遠替你扛，尤其是在人生的旅途中，犯下不可原諒或無法挽回錯誤的時候。」

人一輩子能做好一件事情，就功德圓滿了（李國修）

我父親是台灣唯一純手工製作戲鞋的師傅，當年的京劇名角，包括朱陸豪、吳興國、魏海敏、郭小莊等人上台表演所穿的戲鞋，從鞋靴、彩鞋、薄底、到厚底靴都出自於我父親的手，所以我從小就常到復興劇校和陸光劇校送戲鞋。

此外，我也會跟著父親去看這些名角的表演，在中場休息時，還可以到後台去看演員，這是小戲迷的特權；我看到他們在舞台上的演出，也看到他們下了舞台的現實人生，還是脫離不了柴米油鹽醬醋茶。從那時候開始，埋下了我對戲劇喜好的種子，因為舞台上以及戲台後的人生都是我感興趣的部分。

十三歲那一年，有一天我看到同學的父親開著轎車來學校接他放學，轎車從我的眼前慢慢消失，讓我有種很失落的感覺……回到家，一進門，就看到父親埋首縫製戲鞋，我問父親：「你一輩子做戲鞋從沒賺大錢，怎麼都不改行呢？」

父親聽了，情緒有些激動地回答：「我打從十六歲就做學徒，做戲鞋到今天，就靠著這雙手！你們兄弟姊妹哪一個少吃一頓飯、少穿一件衣裳了？我改什麼行？人，一輩子能做好一件事情，就是功德圓滿了！」

看著父親操著山東口音，語氣激昂地交代他問心無愧的人生，這場景像是烙印般的深深地停留在我的腦海中，直到今天，我仍然把：「人，一輩子能做好一件事情，就功德圓滿了！」這句話當作座右銘來警惕自己，也用來教育我的孩子。

父親終生以京劇戲鞋的製作為職業，他一個人從青島漂洋過海來到台灣，從孤家寡人到兒女成群，生活沒有寬裕也沒有潦倒過，他每天埋首在一針一線裡工作，只為了成就戲台上忠、孝、節、義的故事，他的身教和言教，也引導了我走上劇場這條不歸路。

＊＊＊

我在世新唸書時加入了學校的話劇社，一九七九年演出蘭陵劇坊「荷珠新配」裡的「趙旺」，學習了吳靜吉老師的表演課程，啟發了我無限的想像力，對我來說這是一個最重要的人生轉捩點。

第一個讓我嶄露頭角的節目，則是因李立群的介紹而參與演出華視的「綜藝一百」，因為主持人張小燕，小燕姐無私地提攜與指導，我在這個節目中持續演出。電視的曝光為我帶來了大量的名與利，但我仍然努力摸索自己的未來。在一九八六年滿三十歲時，我決定出國遊學。

我先到東京居遊了四十五天，後來又到紐約五個多月，在這半年內看了很多戲劇表演，包括傳統的、現代的、前衛的戲劇都不錯過。我在東京見識到日本傳統國寶「能劇」及「歌舞伎」的演出，不論觀眾席次有多少，現場總是高朋滿座，讓我羨慕之餘也不禁感嘆，日本在文化藝術的傳承的確比台灣強太多了。

在這遊學的半年當中，我不停地問自己，將來要做什麼？經過了一番自我的掙扎與反省，我下定決心回到劇場的工作。因此，在三十而立那一年，終於找到了自己想要堅持下去的路，就回到台灣跟一群喜愛劇場的朋友，成立了「屏風表演班」。

一九八七年「屏風」創立初期，台灣觀眾對於劇場的接受度還不是很高，劇團也面臨了幾次財務危機和票房失利的窘境。我是個性執著的魔羯座，看得遠也走得慢，只要立定志向，就不容易動搖意志。

如果有前世，我想自己有一世是愚公，因為愚公堅持要移山，既然我

已經踏上了這一條不歸路，就不准自己回頭，只能咬緊牙關，不斷地往前走。

我這輩子只做劇團，而屏風只做一件事，就是開門、上台、演戲。我在屏風二十五年，身兼創辦人、藝術總監及編導演的工作，我創作了三十幾部作品，劇中人物和故事都是我在生活中的感受，我所有創作的素材都來自於生活，因為我關心腳下這片土地，對於這土地上所發生的一切都相當感興趣。常有人問我，會不會擔心自己寫不出下一個作品？其實我的秘笈就是「五個永遠」，我一直認為，永遠觀察人物百態、永遠觀察事物狀態、永遠關心四周環境刺激與變化、永遠記憶最深刻的情感，以及永遠被生命感動，這「五個永遠」的生活態度，讓我的創作靈感源源不絕。

爸爸，你是怎麼找到自己的？（李國修）

思源十三歲那一年，有一天晚上，他突然帶著羞澀卻異常認真的口氣問我：「爸爸，你是怎麼找到自己？」

我一方面驚訝思源在這個年紀就提出這樣的問題，一方面也和他分享自己在世新唸書時，因為加入話劇社，從此愛上舞台，一路走來三十多年的心路歷程。

我告訴思源：「你的爺爺十六歲就開始學做戲鞋找到自己，而我是十八歲加入世新話劇社才找到自己。你很幸運，十三歲就提出這樣的問題，所以你可以開始立定志向。」

思源一臉嚴肅地問我：「要怎麼立定志向？」

我回答他，就像小時候寫的作文題目「我的志願」一樣，我小時候的志願是當老師，因為小時候被老師打得很慘，所以長大以後我想要當老師，就可以打老師的小孩！當然，這只是為了緩和當時的氣氛所說的玩笑話。

我在十八歲加入世新話劇社，因為一次又一次的演出，觀眾的掌聲加上同伴的鼓勵，讓我對表演產生高度的興趣，這份興趣支持著我全心投入劇場工作到現在。我告訴兒子，十三歲談志向太早了一點，建議他先找到自己的興趣，只要是好的興趣，我和王月一定大力支持。

我認為，十三歲到二十二歲是一個人的人生當中，尋找自我的黃金關鍵期。在這段期間內，父母必須用心鼓勵孩子培養興趣；興趣比分數更重要，成績老是落後其他學生的孩子，如果能找到興趣，一樣可以在人生舞台上發光發熱。

不知這些道理對當時年紀小的思源是否有幫助，他聽完我的話，只是若有所思地點點頭，步出了書房。

看著他離去的小小身影，我知道他遇到了困難，和王月討論了一下，發現他可能在學校遇到了學習上的挫折。

思源對課業沒有興趣，雖然我和王月從來都不會要求他的成績，但是心思細膩的他，身處在要求成績和排名的教育環境之下，還是受挫了。

一年後，思源主動和王月提起他想出國唸書的決定，我們雖然不捨也放心不下，基於對孩子的愛與尊重，決定還是放手，讓他出去闖一闖。如果台灣的教育環境真的不適合他，留下來也只會讓他繼續感到挫折，還不如趁早轉換一下環境，讓他在多元的學習環境中，找到屬於自己的熱情和興趣。

如今，思源到國外唸書已經六年了，這些年來，他成長很多，不但獨自打理生活上的所有瑣事，也因為長期獨處，他的文思泉湧，寫下許多感人的文字作品；更重要的是，他找到了自己。

＊＊＊

我和王月除了發現思源的好文筆，也更高興他逐漸了解我的作品。王月慢慢引導思源參與屏風的事務，二〇〇九年「北極之光」要重製演出，當時思源回家過暑假，想要一雙限量版的球鞋，王月知道他會寫，便要他寫下觀後心得，做為交換條件。

「北極之光」是我創作的一齣縱橫三代的愛情傳奇劇。一場劇中女主角小君規勸她的好友，和交往多年的男友需有個決定。好友說與男友的關係是「他在我身邊，就像路邊並排停車，來是為了要走。」此時，思源看到這裡，不由得寫下一句小君對好友的話「但他不開走，妳也出不來。」天啊！多好的一句話！為我所發明的男友「並排停車」的關係，加上另一種詮釋。

二〇一〇年的台北世界花卉博覽會最熱門的定目劇「百合戀」，一共演出了一百九十六場，創下三十萬人次的觀賞紀錄，這是我的愛徒黃致凱編導的作品，更是屏風表演班和原舞者演員共同努力的成果，但是大家都不知道，這其中也包括了思源的小作品。

在這部戲前製作業時期，王月決定讓思源來試寫宣傳品文案。我在電話中和思源說了五分鐘，大概描述了一下這個故事是源自魯凱族的人蛇戀傳說，結果一個小時後，思源用手機簡訊把「百合戀」的文案傳給王月，我和王月原本就知道思源文筆不錯，但看到他的作品以後更為驚喜！他的文字簡潔有力且抓住主題情感，相當成熟。

你不僅是蛇，才能纏繞我的情愁，
我終歸是人，怎不為你淚濕衣袖。

你娶我之後，鬼湖旁的花葉，每朵綻放似后，

我們愛過千年，百合卻潔淨如舊。

到了二〇一〇下半年，屏風接著推出「婚外信行為」，王月也要思源操刀，所以把九年前演出的DVD給思源看。這是一部三角戀情關於「信」與「性」環環相扣的劇，我還擔心思源看不懂，結果他隔夜交出的作品立刻又讓我為之驚豔，我和王月興奮地同時驚呼：「思源看得懂！他懂我們的作品！」

這是一部三段婚姻、六個家庭、九種情愛關係，十二位因慾望而走險的男女故事。

思源的文案精準表達了近乎用蜘蛛網式密縫的情節：

在三角戀情中的每個人，他們都畏懼著。

懼怕的不只是從中敗退，而是勝利後必須接替失敗者的擔憂不安。

一旦從這場悲劇中獲勝後，則生怕自己成為下一場悲劇的主角。

被這三角關係圍繞的人，把所有事情怪罪於「性愛」，

但他們不了解，其實真正出了差錯的是「信愛」。

當年那個國小剛畢業，一臉稚氣地站在我面前，問我該怎麼找到自己的小男孩，現在已經是個成熟穩重、侃侃而談的大男生，他心中懷抱夢想，正朝向前方的電影編導之路步步邁進中。

我想拿一座奧斯卡（李思源）

我從小成長在一個充滿幽默與創意的家庭。我父母從不給我設限。

我都是依照自己的思考成長。我十三歲那年就試著分析自己並思考未來的職業。

我想過要當心理學家，因為我總能洞視人心，給予他們安慰、解惑與加油打氣。

我想過要當律師，因為我有不錯的辯論能力，不僅能讓人口服更能心服。

我想過要當演員，因為自小父親的工作場所，也就是舞台，一直都是我的遊樂場。

直到有一天我的母親對我說：

「如果你能將你父親的舞台劇改編成電影，絕對能夠感動全世界。」

我才知道我想過的，只是要讓我成為一個絕佳的編劇與導演。

我善於分析他人，能讓我寫出更多豐富的角色性格。

我善於辯論，能讓我寫出更真實與使人相信的劇本。

我父親曾在他的自傳上提到「我願意死在舞台上」。

而如今，我要接續我父親的理念，我要學會拍電影，「我要永遠活在舞台上」。

這是我在二〇〇九年九月申請美國的藝術大學所寫自傳中的一段

話。從小到大，父母給予了我自由成長的空間，讓我有機會去思考自己要走的路，最後選擇了自己有興趣的方向前進。

我不是一開始就決定自己的人生目標是什麼，我曾經花了一段時間探索自己的興趣，在爸媽的大力支持下，我學了鋼琴、吉他、薩克斯風、街舞等等的各種才藝，可是每一樣學習往往不到一年就半途而廢。於是，我一直在重新開始和放棄的循環裡摸索。因為有這個嘗試的過程，所以我才能漸漸發現自己想要的是什麼、自己的定位在哪裡。

後來發現我的探索過程，正是爸爸所主張的「讓孩子輸在起跑點上」，放手讓孩子去選擇自己的方向，讓孩子去嘗試、去了解、去挫折、去放棄，去自己做決定。父母只要在旁邊支持就好，孩子自然會發現這其中的進行法則，成就感會讓他自己決定繼續，受不了挫折讓他自己選擇放棄，要放棄只好重新開始，不想重新開始，就要找到方法努力撐下去，這一連串的體驗和轉變，只有自己全程參與才清楚。

＊＊＊

小學時我就讀的是雙語學校，所以很多學生國小畢業就被家長送出國。在小學畢業前夕，班上同學都在討論出國的事，許多同學也在準備出國的事，這樣的氛圍讓我很困惑，我問自己：是不是也應該要出國？可是出國又怎樣？我到底要去哪裡唸書比較好？還是以後再出國？……受到當時的環境影響，我每天都在思考這些問題，不知道該何去何從。

有一天晚上，我在房間思考了很久，很想聽聽父母的意見，可是又擔心這些問題是不是很幼稚，猶豫了半天，我還是走到爸爸的書房敲門，一進去，就直截了當地問：「爸爸，你是怎麼找到自己的？」

爸爸當時和我分享了很多人生經驗，要我花時間去慢慢找出自己興趣，於是我決定先留在台灣，等找出興趣之後再考慮出國唸書的

事。

＊＊＊

十五歲那年的某一天，我們全家都緊盯著電視，觀看第七十八屆奧斯卡頒獎典禮的實況轉播，當時李安導演以「斷背山」角逐最佳導演獎。我還記得，當頒獎人一公佈得獎人為李安時，我媽媽緊握著雙手，嘴角帶著微笑，淚水卻從她的眼眶滑落了下來，那是感動的眼淚……

就在那一刻，我知道自己的夢想是什麼了！

我的爸媽早在二十年前就與李安導演認識並結為朋友，三人在戲劇的不同領域中各自努力。李安導演得了奧斯卡獎以後，成了台灣人的驕傲，但是在此之前，他已默默耕耘了二十幾年，從台灣的電影市場一路拓展到美國好萊塢。

看到李安導演得到來自電影界的最高榮譽，我爸媽比任何人都開心，這不僅是與有榮焉的驕傲，更是疼惜老友的辛苦付出。

我永遠記得，當時他們臉上的笑容和感動，讓我知道自己該怎麼回報我的父母——我想要贏一座奧斯卡，我想再看一次爸媽臉上的表情，讓我摯愛的家人和朋友為我感到驕傲。於是，我承諾了自己第一個也是唯一的夢想。

兩個月後，我決定出國唸書，將來我要到全世界電影工業最發達的國家去學習電影，承襲爸爸熱愛表演藝術的血液，我要像他一樣堅持到底，絕不妥協。

我在國三那年到加拿大唸書，像以前一樣，遇到了一年的關卡，我對自己的選擇迷惘，我認為自己應該不適合國外生活，我得回台灣才對。當時我無助地和媽媽分享我的想法，我說我想回台灣，她鼓勵我多思考，回想自己出國唸書的初衷，再做審慎的決定。我想到過去那些我曾經放棄的事，那些挫折的記憶反覆提醒著我重新開始的困難，我知道我必須撐過這一次，否則又落入無止境的循環中。最後，

媽媽不讓我回台，我也自己決定留下來，我知道我已經不可能回頭，也確定了自己的人生目標。

我從小耳濡目染，看著爸爸在表演藝術中找到自己，不畏再大的艱難，不斷突破前進。也讓我決定投入這個充滿愛、幽默感與想像力的表演人生。

爸爸對我而言，是個難以超越，但我想努力超越的良師益友；而媽媽則是我遇到挫折或困難的時候，第一個想求助的心靈導師。

我記得有一年爸爸的新聞上了某報藝術版的頭條，整整佔了半個版面，他開心地拿著報紙來和我說：「你看，這是你爸爸耶！驕不驕傲？如果我小時候有這種爸爸，一定很驕傲。」

我當時笑得很開心，但其實我心裡有一個想法：今天我爸媽讓我感到很光榮，讓我在快樂的家庭中長大，那麼，有一天，我也同樣要讓我的爸媽為我感到光榮，因為我們是最親愛的一家人。

我想幫哥哥賣電影

（李慧凭——妹子）

高三要開始準備申請國外的大學時，我在自傳的「目標」這一項想了很久。想到自己現在所擁有的一切都來自於家庭，爸媽給了我滿滿的愛和幽默感，所以，我唯一想做的事就是回報我的家人，讓我的家人因為我而快樂。

我從小接觸劇場表演，跟著爸媽學習到好多劇場知識，在高中的時候有機會擔任學校音樂劇的舞台監督，因同學對表演不熟悉，又當起小老師指導同學在角色扮演上的方法。我發現自己在表演藝術上有點鑑賞上的天分，對於影片剪接、製作或是導演也都有濃厚的興趣。

當我知道哥哥的夢想是要為爸媽拿到奧斯卡獎，讓我覺得很驕傲！哥哥想把爸爸的舞台劇搬到電影大螢幕，因為電影才可以行銷全球，讓更多人知道這是李國修的作品。為了讓這個目標進行得更順利，我決定要幫哥哥賣電影，我想學電影行銷，做一位優秀的製片人，讓爸爸的作品能在國際舞台上受到應得的矚目與肯定。

因此，我要努力做好這件事，除了在校優異的高中成績，加上苦拚一考再考的托福、SAT，我也把這個目標寫在申請大學的自傳中，終於順利申請到幾所好的美國名校，後來選擇加州大學聖地牙哥分校（UCSD）的大眾傳播系。但前期等候大學錄取通知時，我所申請的一些學校沒有上，看著同學都陸續收到學校的錄取通知，讓我非常沮喪！可是每次和爸媽說沒錄取的消息時，他們總是給我很正面的力量，用開玩笑的方法批評那些不收我的學校。

「沒有關係啊！大不了再申請一年嘛！」

「那間學校有什麼好？恐怖分子都會去攻擊那邊，還好我們家妹子沒有申請到。」

「那間學校超貴的，妹子妳沒進，太好了，謝謝妳幫我們省錢！」

後來我接到第一間學校的錄取通知，雖然不是我的前三名志願，可是媽媽立刻上網研究那間學校，找了好多資料，把那間學校的所有優點都告訴我，讓我知道自己其實是很棒的，而且能很快從挫敗中走出來，相信自己一定會申請到心儀的學校，最後也如願以償。

＊＊＊

一直以來，爸媽都是用愛和幽默的方式，鼓勵我從挫折中走出來。我還記得國小五年級的時候，有一次在學校和同學嬉鬧時，同學故意搔我癢，害我不小心放了一個很大聲的屁，從此就被班上同學取了一個「小屁妹」的綽號。這件事讓我難過好久，哭著回家和爸媽說

我再也不要去學校。

爸爸聽到以後就說：「寧可當眾出糗，也不願冷屁攻心。」我聽到立刻破涕為笑，隔天去學校再被同學笑的時候，就理直氣壯地問他們：「你不會放屁嗎？」

從小，我的功課成績就不錯，在參加國中入學考試時因為成績優異被分到好班，才知道原來自己很會唸書，也喜歡唸書帶來的成就感。因此，從國中一年級就開始用功唸書，也常帶前三名的獎狀回家。

班上同學的爸媽都會要求他們要表現更好，但我的爸媽卻常告訴我，不必這麼拚命唸書，放輕鬆一點。

有一次，我正在房間用功準備考試，爸爸一定要我陪他去買菜，還塞給我零用錢，說陪他出門也算打工，我知道他的用意只是不希望我唸書太累而已。

爸爸常說，只要我和哥哥健康快樂長大就好，不用太在意課業上的表現。其實我會那麼努力唸書，一開始只是單純地想得到一些成就感，但當我聽到哥哥說他要出國唸書，他的夢想是要幫爸爸的舞台劇拍成電影，目標是拿到奧斯卡金像獎時，我真的覺得哥哥好棒！

我知道爸媽都因為哥哥的夢想而驕傲，那我呢？我要做什麼？我一時之間還想不到，可是我也想讓爸媽開心，於是更認真唸書，拿回一張又一張的獎狀，和所有科目都是A或A^{+}的成績單，證明自己同樣也可以讓爸媽感到驕傲。

我的朋友們都好羨慕我們家，他們有時候因為考試考差了不敢回家。但是我不管發生什麼事，第一個念頭就是回家，我喜歡我們的家，勝過世界上任何地方。

我和媽媽的關係就像是最好的朋友一樣，我的任何生活細節都會和她分享。我們偶爾也會吵架，例如有一次她擔心我交到壞朋友，我

當時覺得她不信任我的朋友，讓我有點生氣，但我還是寫了張小紙條、畫個小月亮和她道歉，隔天我們就和好了。

有個同學說我們家是度假勝地，他們考完試想放鬆一下，就會問我：「今天可不可以去妳家放鬆一下？」

＊＊＊

我的同學們都叫爸爸「劇場界的阿基師」，只要來過我們家吃飯的同學一定都說讚，而且她們講得出來的菜名，爸爸一定做得出來，比一般餐廳賣的都要好吃，所以我高中在新竹住校期間，每天最期待的就是週末回家吃爸爸做的料理。

在新竹唸書期間，爸爸只要星期五一有空，都會特地從台北開車下來接我回家，從原先有空來接，到後來每次來接，這成為爸爸固定的時間表，甚至有同學懷疑爸爸是不是在放「無薪假」啊。他來接我時，還擔心我在車上會餓，一定會幫我準備飲料和點心，事先放好在座位旁，說要讓我有坐商務艙的感受，後來有個同學來搭便車和我一起回台北，爸爸還會準備兩份點心，在我心中，他真的是最體貼的司機和最厲害的廚師。

今年暑假我到美國唸書，最讓我不捨的是看不到爸爸和媽媽，不能馬上和他們分享我的生活。每次只要心情不好，一回家，看到爸爸、媽媽，煩惱就會立刻拋到九霄雲外！我很擔心媽媽，因為我覺得自己比她還獨立，家事比她還拿手，媽媽只要拿茶壺去裝水一定會忘記關水、洗完衣服常常忘記要晾……好多事情她都會做一半就忘記，都要我跟在後頭去提醒才會記起，我擔心少了我這個小幫手，她的生活會亂了秩序。我也擔心媽媽會沒有人可以分享心事，因為她都只對我和阿姨（媽媽的姊姊）講，少了我這個好朋友，她就少一個人分憂解勞了。我擔心的事還有好多好多，全都是我對爸爸和媽媽最不捨的愛。

雖然一個人在國外唸書有點害怕，可是我知道這是自己的選擇。哥哥為了實現夢想，獨自在國外待了六年，我要以他為榜樣，和哥哥一起努力，讓我們最心愛的爸爸、媽媽，有一天因為我們的努力而感到驕傲。

戲劇之於我等於人生（李思源）

我從小就跟著爸媽在劇場裡進出觀摩，從似懂非懂地看著演員們忙進忙出地排練，到現在能夠看過一遍就寫出廣告文案，這樣的轉變都要歸功於爸媽，提供了我一個良好的學習環境。

爸爸傳授給子弟兵的戲劇概念，他也會讓我和妹子一起了解，這些理論對我來說非常實用。印象最深的是「情緒勒索」，這是利用人性弱點去為自己爭取利益或尋求自保的心理學理論，從我們嬰兒時期就會使用的一個行為，例如小孩子會透過哭來要食物，這些都是生活中常見的例子。

爸爸將這個理論應用在劇場的角色創造中，由於它隨時都可能發生在我們的周遭，他希望我和妹子能利用這個理論來保護自己。我在美國唸書時，將它應用在課堂或是生活當中，結果一一證實了爸爸的說法，也讓我相信戲劇和生活果然是沒有界線的。

爸爸對於戲劇的理念，就算花十天十夜也說不完，但大家其實可以在他的所有作品中，看到一個中心思想——「人生」，他的劇本講的都是「人生」，都是發生在我們周遭的人事物。透過撰寫劇本或是表演的過程，能貼近真實的內在思想，也能啟發自己的生活態度，所以我認為表演藝術也就是人生的一種表現，這個觀念深深地影響了我的創作與生活。

爸爸常把一個角色分析解剖以後，告訴我說：「一個角色一定要知道自己長什麼樣子？做過什麼事？來自哪裡？要去哪裡？喜歡什麼？討厭什麼？習慣什麼？要知道自己的全部事情，合而為一之後就是所謂的井字思考。」這時候我就發現，我要發揮創意填滿這個角色裡的所有細節，該有的行為與該有的動作，這就是人生，這也是所有人的人生。

我有一個高中同學非常憧憬演藝圈的生活，將自己的外在打理得非常美麗之後，準備進軍演藝圈。她跑來問我：「思源，你可不可以教我演戲？」我和她說：「可是我想先問妳，妳覺得什麼是表演藝術？等妳能夠回答什麼是表演藝術時，我再教妳。」在我心中，表演藝術就是人生，是對生命的熱情，無時無刻都發生在生活之中，絕非幾個動作或指令就能草草帶過。

有部電影「X戰警」，裡面的男主角叫「金鋼狼」，他的身體是鐵做成的，所以很壯，但是他的敵人因為能控制磁場，所以也能控制各種鐵的物體，可以把車子舉起來捏碎。金鋼狼是好人代表中最強的，他的敵人沒有殺他，因為敵人希望金鋼狼有一天能加入敵人陣

營，為敵人而戰。這個角色的劇情走向，讓我想到曹操和關羽，也呼應我爸爸的說法，所有的電影和戲劇，其實都只是換服裝說故事，不論你談論的是超能力還是世界末日，講的都是一樣的，撇不開人生這件事。

* * *

我的文字創作是從出國唸書才開始培養，當時留學代辦的住宿管理人員要求我們每兩週就要交一篇週記，記錄這週的生活心情，放在網路上讓爸媽來看。

我抱著要寫就認真寫的心態，每次都花時間思考這次要分享什麼內容，再靜下心來鋪陳我的文字，沒想到這一寫就上癮了！我媽看到以後覺得我的作品非常好，鼓勵我多寫，我才慢慢發現一篇好文章就是要讓人產生共鳴，而且愈生活或愈簡單的題材，愈能達到效果。

我在十八歲時，寫了一個電影劇本「The Circle」，劇情是一對父子的故事。父親是一個不會說愛的拘謹角色，兒子童年時在學校遭到欺負，父親就利用一張紙剪成圓形，把兒子不喜歡的遭遇，寫在圓圈圈的一角上，再把那缺陷的一角遮住來勉勵兒子：「這不好的地方，並不會影響這個圓，你看到的還是一個圓。」

在母親生日那天，父親準備給母親一個禮物，也是他第一次準備禮物來表達對妻子的愛意，但是就在母親回家路上，母親在便利商店門口被一場車禍造成間接傷害而意外身亡。之後父親因為思念母親，就把要送給母親的耳環插入自己的耳垂，也開始穿起母親的衣服，漸漸地，這個村落就出現一個男扮女裝「變裝癖」的父親，兒子以此為恥。

等到兒子長大以後，要和青梅竹馬的女朋友結婚時，女朋友問兒子：「要不要請你父親來參加婚禮？」

兒子憤怒地拒絕，因為他不知道父親要以誰的身分來參加，不管

是父親還是母親都只會成為大家的笑柄。

後來父親過世以後，有一天兒子來到父親的書房，打開書桌的抽屜，發現裡面佈滿了圓圈圈，那些圓圈圈的一角都是父親對兒子和母親的懺悔，但是遮住那些文字，它們都是一個個完整的圓。

兒子拿出其中一張圓，在父親懺悔文字的空白背面寫下：「爸爸，你是我這輩子看過最美的男人——」

這是劇本最初的模型，我從爸爸那邊學到了角色分析以後，利用井字形思考的九宮格把裡面的人物背景再延伸，讓角色的工作，與文本有內在的統一性。我把父親的角色設定為印刷廠的一個工人，接觸和紙有關的工作，兒子長大以後，是從事紙雕的設計師。

我媽媽聽完這個劇本後，告訴我埔里有個紙教堂，於是我再把這個地點加到劇情中，成為父子和解的一個場地。後來我發現爸爸的劇本，會從主要架構中再延伸次架構，於是我又回頭去增加劇情，把造成母親車禍的一對兄妹拉出來另寫一條故事線，也讓他們兩個家庭最後重逢在醫院，兄妹救了兒子的新婚妻子，獲得自我救贖。這個劇本一直到現在還沒完全定案，我一直在修修補補，把學到的新知識一點一滴放進劇情中。

＊＊＊

我上高三的剪輯課，老師要我們交十分鐘的影片。於是我拍了一部迷你電影，片名為「The Small World」，我寫的劇情描述一個高中十七歲女生，在圖書館借了一本書，在書本發現了一頁眉批，是對這本書的讀後心得，而這個心得就和她自己的心得一模一樣，為此激動不已。於是她查到了上一個借書者的日期是十七年前的學姊，在好奇心驅使下，讓她開始去搜尋關於這個學姊的資料，找到最後才發現，這個學姊竟是她的親生母親，當時未婚生下了她，並交給認養家庭。劇終她決定收拾行李去尋找這位從未見過的母親，她在房間打包

時，對室友說：「麥哲倫發現地球是圓的，但對我來說，這個世界是小的。」

剪輯課的老師是一個有名的毒舌派老師，常常對著大家的作品破口大罵，「拿走！不要浪費我的時間！」幾乎成了他的口頭禪。我把影片交上去以後，下一節課一進教室，那位毒舌老師竟對我大喊：「Sven, you are so great!」還說我是他教過學生中最好的，剪輯水準已有大學程度，要我拿這件作品去比賽，只是我與匆匆地拿去參賽，才發現這部影片長達十一分鐘，但參賽的限制是十分鐘，只好失去這個競賽的機會了。

* * *

我在大學一年級的編劇課，寫了一個嗜睡症的故事，結果被老師評為「愛情故事不能和嗜睡症結合」，還給我很低分。但是我沒有放棄，後來在課外把這部片拍成影片，受到其他老師的好評。

這個故事的起因是我看到一個新聞，有個嗜睡症的女生，一個不小心就會進入昏迷狀態，一昏迷就一個星期或一個月，中間會起來上廁所吃飯，但做完立刻倒頭就睡。這個新聞讓我立刻著手寫一個以嗜睡症為主的劇本，並嘗試把愛情故事放進其中。主角是一個認真向上的青年，因為知道自己有嗜睡症，所以非常把握自己清醒的時間，隨身用筆記本記錄自己清醒時要做的事，如果突然昏迷，他的姊姊會確認筆記本上的行程，幫他取消接下來的約會。例如他星期三要交一份報告，他會趕在清醒時提早完成，等到他昏迷之後，他姊姊會幫他去交這份報告。

我認為主角在寫這些行程的心情，其實就像在寫遺書一樣，於是就取了「Daily Will」（每日遺書）這個劇名。主角後來遇到一個心儀的女生，但是他在這個女生面前很自卑，不敢告訴這個女生他的疾病，於是對這個女生而言，主角總是莫名地消失和出現，若即若離。

最後主角決定在女生出國前向她告白，並坦白自己的疾病，他想對她說：「妳的名字出現在我的每一封遺書當中。」但是主角的睡意在出門前突然產生，只好趕緊打開冰箱大口灌提神飲料，試圖讓自己清醒，這是一種向身體宣戰的掙扎。

主角終究抵不過疾病的發生，在冰箱前昏睡過去，最後還是由他的姊姊來和這名女生說明。主角醒來遺憾自己總是錯過最重要的時刻，但很慶幸的是，這名女生選擇接受他的狀況和他在一起，並取代主角的姊姊，成為照顧他昏睡時間的伴侶。

我完成了這部影片，也想對當初說「嗜睡症不能談戀愛」的老師提出抗議。我想證明老師有時不是決定一切的人，最主要還是自己的想法與判斷，而這份堅持的自信，來自我的家庭教育，我以生長於這個戲劇家庭為榮！

〈後記〉
孩子，我們永遠是你的119父母

王月

一直到送走妹子，在回程美西五號公路的第一個休息站，我才放聲大哭。

女兒妹子今年高中畢業，順利申請到幾所美國大學名校，最後決定唸UCSD（美國加州大學聖地牙哥分校），聽說那裡氣候宜人，海灘離校園十五分鐘的腳程。我和國修對女兒特別呵護（兒子出國求學六年，還沒去找過他），除了親自送她入學，也計畫了以國修妹妹住的舊金山為據點，順便美西旅遊三禮拜的假期。

國修出國從不跑景點，為了妹子，我們去了優勝美地、大峽谷、拉斯維加斯、太浩湖，回了舊金山又一路開車經洛杉磯到聖地牙哥。

旅行間，妹子和我更親密了，花了很多時間在車程上，我們倆聊天，低聲地說笑話，頭倚著頭睡覺，還約定醒來兩人對看，一睜開眼就要笑（因為兒子下床氣很嚴重，不僅叫不醒，醒了也不悅，所以我和妹子特別愛表現我們隨叫隨醒、心情愉快的好態度），還增加「磨鼻子」的親密動作。

一路上，國修的妹妹看到我們母女感情這麼親密，曾細心地提醒我，擔心我倆分別時的情景。我信誓旦旦地說，沒問題，我會把這氣氛弄得像她要進度假村。

最後一天，坐著裝滿妹子宿舍衣物用品的小巴，我們一行七人到了UCSD，一個像小鎮般大的校園，找到了宿舍，動作快速地幫妹子把用品擺放在她房間內的書桌、衣櫃、床舖。最後還把全家福的相片貼在她的檯燈前，完成這一切動作，妹子貼心地要我們快上路，不然十幾個鐘頭的車程，回到舊金山小姑姑家都半夜三點了——妹子快樂地把在校園書店買到上面有「UCSD」字樣的幾件T恤，高興地交在國修和我的手上，並說著「爸媽，你們要穿喔，要以我的學校為榮啦！」之後我們匆忙地擁抱告別。

再度回到美國公路，車內的座位旁少了妹子，我不敢久視，偏頭看向窗外。到了第一站休息區，我們進了一家美國速食店。用餐間，國修妹妹問一路開車的女兒「平平，再開十幾個鐘頭沒問題嗎？要不要換手——」女兒體貼地回答沒問題。國修妹夫和妹妹都明白，女兒要自己撐著，不想勞累父母。

此時的我，感動平平的孝心，眼淚也隨之奪眶而出，不知是否也牽動與女兒的分離，我的淚水愈流愈多，再也不止……

＊＊＊

我真的很感謝老天，賜給我這一雙兒女。我們從來不是優秀的家庭，我們的教育也絕不是標準正確的方法，但我確信的是，絕對是一

個快樂的家庭。國修不要求子女的功課，我們交給孩子三樣法寶——愛、想像力和幽默感，培育他們成為人格健全，有思想有自信的人。

二〇〇七年天下雜誌曾有一篇報導，台灣有六百萬的「直升機父母」，也就是父母像極了直升機，在孩子上空盤旋，每時每刻守望孩子的一舉一動，成了過度介入與過度焦慮的父母。反觀國修和我，則比較像是「一一九父母」，我們給了孩子足夠的愛與家庭教育後，讓孩子自己勇敢向前，我們在他們有急難與求助時，第一時間出去救援。兒子思源今年二十一歲，完成他的第一本書《為夢想流的五種眼淚》，處處可見他為成長付出的心淚歷程，字字深刻動人，也讓做父母的我們感動不已……

回顧子女成長的過程，像一齣齣憂歡參半的演出，人生的劇碼持續上演，孩子，你們的人生舞台一定比我們精采，用心盡情演出吧！永遠為你們喝采！

屏風表演班
Ping-Fong Acting Troupe

國家圖書館出版品預行編目資料

119父母 / 李國修・王月著.
-- 初版. -- 臺北市：平安, 2011.11
面；公分.-- (平安叢書；第373種)(親愛關係; 4)
ISBN 978-957-803-810-3 (平裝)
1.親職教育 2.親子關係

528.2　　　100023150

平安叢書第373種
親愛關係 4
119父母
作　　者—李國修・王月
發 行 人—平雲
出版發行—平安文化有限公司
台北市敦化北路120巷50號
電話◎02-27168888
郵撥帳號◎18420815號
皇冠出版社(香港)有限公司
香港上環文咸東街50號寶恒商業中心
23樓2301-3室
電話◎2529-1778　傳真◎2527-0904
出版統籌—盧春旭
出版策劃—龔橞甄
責任編輯—金文蕙
美術設計—程郁婷
行銷企劃—林倩聿
印　　務—林佳燕
校　　對—黃素芬・陳秀雲・金文蕙
著作完成日期—2011年9月
初版一刷日期—2011年11月

法律顧問—王惠光律師
有著作權・翻印必究
如有破損或裝訂錯誤，請寄回本社更換
讀者服務傳真專線◎02-27150507
電腦編號◎525004
ISBN◎978-957-803-810-3
Printed in Taiwan
本書定價◎新台幣280元/港幣93元

● 皇冠讀樂網：www.crown.com.tw
● 皇冠Facebook：www.facebook.com/crownbook
● 皇冠Plurk：www.plurk.com/crownbook
● 小王子的編輯夢：crownbook.pixnet.net/blog